シリーズ
現代の福祉国家
⑮

韓国の大統領制と保育政策

家族主義福祉レジームの変容

崔　佳榮著

ミネルヴァ書房

韓国の大統領制と保育政策
――家族主義福祉レジームの変容――

目　次

序　章　少子化問題と保育政策 …… 1

1　子育てを取り巻く環境の変化 …… 1
2　家族主義福祉レジームと少子化問題 …… 5
3　少子化問題への政策的取り組み …… 8
4　本書の問いと構成 …… 22

第 1 章　保育政策の変容 …… 27

1　「託児」から「保育」へ …… 27
2　「選別的」保育から「普遍的」保育へ …… 36
3　無償保育の実現 …… 47

第 2 章　革新政権の誕生 …… 55

1　三金政治のボス・金大中 …… 55
2　アジア通貨危機と生産的福祉 …… 60
3　ジェンダーをめぐる制度改革 …… 68
4　貧困層のための保育政策 …… 81

第 3 章　革新政権の新しい政治 …… 91

1　盧武鉉旋風とノサモ …… 91
2　参与政権と参与福祉 …… 96
3　女性の実質的代表性の向上 …… 100
4　中間層のための保育政策 …… 114

第4章　保守政権の復帰 ……………………………… 129

1　「失われた10年」と経済大統領・李明博 ……………… 129
2　国民は自立せよ，能動的福祉 ……………………… 135
3　ジェンダー，保守への回帰 ………………………… 141
4　無償保育の実現 …………………………………… 145

第5章　保守政権の破滅 ……………………………… 159

1　朴正熙の分身・朴槿恵 ……………………………… 159
2　父の夢は福祉国家の建設であった ………………… 165
3　「女性」大統領という矛盾 …………………………… 170
4　無償保育の財源をめぐる対立 ……………………… 175

終　章　保育政策と韓国の福祉国家 ………………… 195

1　韓国の大統領制と保育政策 ………………………… 195
2　本書が持つ理論的含意 …………………………… 202
3　韓国の福祉国家のゆくえ …………………………… 205

参考文献……207

あとがき……223

索　引……229

序　章
少子化問題と保育政策

1　子育てを取り巻く環境の変化

　1980年代以降，韓国における家族構造は急激に変化している。その中で最も顕著な現象は，家族規模の縮小である。統計庁の「人口住宅総調査」によると，1980年4.5人であった平均家族数（平均世帯人数）は，2000年3.1人，2010年2.7人，2015年には2.5人へと大幅に減少している。また，統計庁の「人口動向調査」によると，1980年0.6％であった粗離婚率は2000年2.5％へと急激に上昇してから，2010年2.3％，2015年には2.1％とやや低下傾向ではあるが，依然として高い。それに伴い，ひとり親世帯の割合も2005年8.6％から2010年9.2％，2015年には10.8％へと上昇している（統計庁「将来家口推計」）。

　さらに，21世紀に入ってから韓国における労働市場は大きな転換期を迎えている。製造業を中心としていた産業構造がサービス業中心へと移行することで，女性の労働力参加が大きく増えたのである。統計庁の「経済活動人口調査」によると，1980年42.8％に過ぎなかった女性の経済活動参加率（労働力率）は，2004年50％台に達してから，2017年現在52.7％へと大きく上昇している（図表序-1参照）。それに伴い，1996年36.6％に過ぎなかった共働き世帯も近年大きく増加し，2016年には44.9％となっている（統計庁「家口消費実態調査」・「地域別

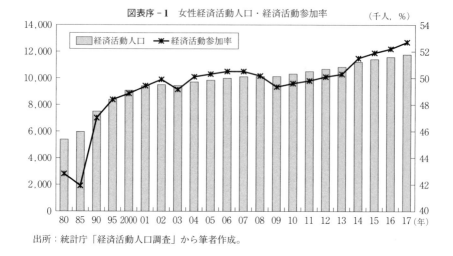
図表序-1 女性経済活動人口・経済活動参加率
出所：統計庁「経済活動人口調査」から筆者作成。

雇用調査」)。

　このように女性の労働力参加が増えているものの、女性は労働市場への参入だけでなく、賃金や昇進、退職に至るまで、男性より劣悪な立場に置かれている。統計庁の「経済活動人口調査」によると、2003年39.6％であった働く女性のうち非正規雇用の割合は、2009年44.0％とピークに達してから、2017年には41.2％へとやや低下しているものの、依然として高い（図表序-2参照）。2017年時点で男性の非正規雇用が全男性労働者に占める割合が26.3％であることを考えると、アジア通貨危機による経済改革の結果進んでいる雇用の非正規化は、女性にとってより深刻であることがわかる。また、多くの女性は育児休業制度や職場保育施設が整っていない中小企業で働いており、大手企業で働いている場合でもそれらの利用は正規雇用労働者に限られる。

　ところで、韓国において近年進んでいる女性雇用の非正規化が必ずしも短時間労働を意味するわけではない。多くの女性が非正規かつ時間制雇用で補助的な収入を得ている日本の場合とは違って、韓国で就労している女性の多くは非

序　章　少子化問題と保育政策

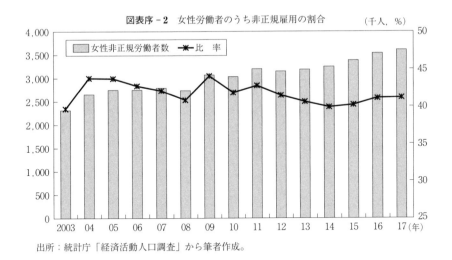

図表序 - 2　女性労働者のうち非正規雇用の割合

出所：統計庁「経済活動人口調査」から筆者作成。

正規雇用でありながらフルタイム（週40時間以上）で働くことで家計にもある程度貢献している。日本では，フルタイムで働く女性労働者の割合が2017年時点で43.1％に過ぎないのに対して，韓国では70.6％を占める（OECD. Stat）。このように，韓国では女性がフルタイムで働く割合が高いにもかかわらず，性別による役割分業の意識は依然として強く，家庭内ケア労働がもっぱら女性の責任となっている。

　以上の理由から，韓国における女性の年齢階級別労働力率は，出産と育児を機に労働市場を離脱してから，子どもがある程度成長した後に再び労働市場に戻る典型的な「M字カーブ」を描いている。しかし，図表序 - 3を見ると，M字カーブという現象は2010年と2017年の間に相当改善されていることがわかる。これに対して，2つの解釈ができる。第一に，経済不況が続く中で家計が困難になったため，無理をしてでも働き続けなければならない女性が増えたといえる。第二に，2000年代半ば以降，急激に拡大した0～2歳児のための保育支援の結果，出産した女性が子どもを預けて引き続き労働市場で働くことができる

図表序-3　女性の年齢階級別経済活動参加率の推移

出所：統計庁（各年度）『経済活動人口年報』から筆者作成。

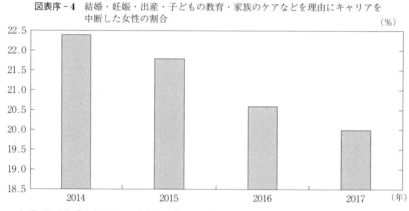

図表序-4　結婚・妊娠・出産・子どもの教育・家族のケアなどを理由にキャリアを中断した女性の割合

出所：統計庁「地域別雇用調査」から筆者作成。

ようになった。第一の解釈が経済危機の結果現れた社会問題に着目するのに対して，第二の解釈はそれに対する政府の政策的取り組みに注目する。

　第二の解釈のように，保育に対する国の支援が女性の労働力参加と密接に関係するということは，図表序-4からも確認できる。女性不就業者のうち，結婚・妊娠・出産・子どもの教育・家族のケアなどを理由にキャリアを中断した

女性は，保育の全面無償化が実現した翌年の2014年22.4％から2017年20.0％に減少している。したがって，国が育児を積極的に社会化することで，多くの女性を労働市場に参入させる可能性が高まることは明らかである。

2 家族主義福祉レジームと少子化問題

前節で検討した家族構造や労働市場の変化，とりわけ，女性に不利な労働環境は，出生率の低下につながるとされる。このような傾向は，韓国を含む家族主義福祉レジーム[2]に属する国々で顕著である。図表序 - 5によると，ギリシャ・イタリア・ポルトガル・スペインなどの南欧諸国と日本など家族主義福祉レジームの国々における合計特殊出生率[3]（total fertility rate，TFR）は，1.3から1.4と，経済協力開発機構（Organisation for Economic Co-operation and Development, OECD）加盟国の平均である1.7を大きく下回る。同じく家族主義福祉レジームに属する韓国は，1.2とさらに低い。

家族主義福祉レジームに属する国々では，保育や介護などケアサービスを「国家」が補助している社会民主主義福祉レジームや安価なケア労働を提供する「市場」が充実している自由主義福祉レジームとは違って，その責任がもっぱら「家族」に委ねられている。そのため，このような環境では，女性が過度の負担を強いられることになり，出生率を低下させるのである。それだけでなく，家族主義福祉レジームにおける家族構造や労働市場の変化は，「ケアの空白」を生み出し，それは従来の仕組みでは対応できない深刻な「新しい社会的リスク[4]（new social risk）」となっている（Taylor-Gooby 2004：2-5）。

さらに，日韓両国における少子化の原因として，前節で取り上げた社会的変化に加えて，子どもを育てるために必要な費用，特に教育費用を指摘する声が少なくない。例えば，授業料や寮費など教育機関への私的支出の割合を示した

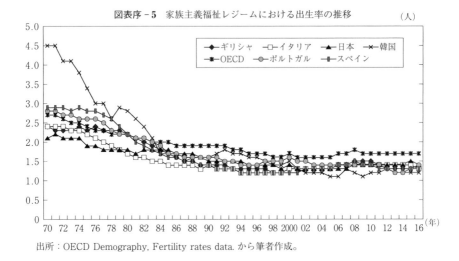

図表序 - 5　家族主義福祉レジームにおける出生率の推移

出所：OECD Demography, Fertility rates data. から筆者作成。

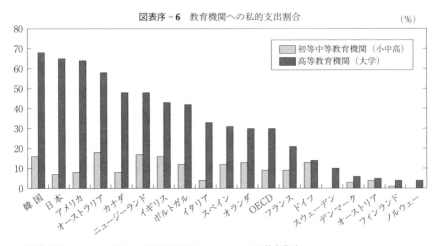

図表序 - 6　教育機関への私的支出割合

出所：Education at a Glance 2016 OECD Indicators. から筆者作成。

図表序－6によると，韓国と日本における大学・短期大学など高等教育機関への私的支出の割合は，2013年現在，それぞれ68％，65％とOECD平均（30％）の2倍以上であり，OECD加盟国の中で1位と2位を占めている。大学進学率（短期大学を含む）が2014年現在，韓国では70.9％，日本では53.9％であることを考えると，子どもにかかる経済的負担は，就学前の保育や幼児教育にかかる費用から子どもが大学を卒業するまで20年以上にわたることが多い。

具体的に，韓国の政策研究機関である保健社会研究院が2012年に韓国人男女1万3,385人を対象に行った「全国結婚及び出産動向調査」によると，1人の子どもの出産から大学卒業までかかる総費用は3億896万ウォン（約3,000万円）に達するという。さらに，日本AIU保険会社の『AIUの現代子育て経済考2005』調査では，日本における教育費用が教育内容の違いによって3,000万円程度（公立幼稚園～国立大学）から6,000万円程度（私立幼稚園～私立大学医歯系）までの差があると推計している。いずれにしても，日韓両国において，子どもの教育にかかる莫大な費用が少子化の大きな原因となっていることは否定できない。

少子化は，高齢化や人口減少，経済的活力低下などの問題を引き起こす（山中 2008：31-32）。特に，「高齢化」という視点からすると，2007年の時点で65歳以上の高齢者人口が全人口の21％を超え，「超高齢社会」に突入した日本は，2013年には高齢化率(5)が25.1％と人口の4分の1が高齢者となっている（内閣府『平成26年版高齢社会白書』）。高齢者と現役世代の割合を見ると，1950年には高齢者1人に対して現役世代12.1人であったが，2015年には2.3人，2060年には1.3人になると推計される。さらに，近年伸び悩んでいる賃金や国民負担率の上昇を考えると，現役世代の所得から税・社会保険料などを除いた可処分所得をいかに維持するかということが深刻な問題になる（厚生労働省「少子化社会を考える懇談会第3回」）。

このように，高齢化と表裏一体の関係にある少子化は，現役世代人口の減少

を引き起こすことで，社会保障制度の持続可能性を揺るがしている。したがって，少子化問題の解決に向けた政府の積極的な取り組みによって人口構造の歪みを正すことは，社会保障制度の基盤を強化するという意味で，一種の投資とみなすことができる（山重 2013：189）。

韓国政府は，「将来的な労働力不足，財政収支の悪化，社会福祉費用の負担をめぐる世代間の葛藤，経済成長率の鈍化など，社会経済的な安定性を害し，国家の持続的な成長に対する脅威となる」少子化問題を解決するために，2005年「低出産・高齢社会基本法」を制定している（春木 2008：81-82）。他方，1990年の1.57ショック[6]から既に少子化問題が顕在化している日本では，1994年にエンゼルプランが策定され，2003年には「少子化社会対策基本法」が制定されただけでなく，2007年からは少子化対策を担当する「内閣府特命担当大臣」を置くことで，少子化問題の解決に向けて積極的に取り組んでいる。

3　少子化問題への政策的取り組み

家族関係社会支出

少子化問題の解決に向けた政府の取り組みをいかにしてより客観的に測ることができるだろうか。

OECDは，低所得世帯・高齢者・障害者・病人・失業者・子どもなどを対象とする社会支出（social expenditure）を高齢（old age）・遺族（survivors）・障害・業務災害・傷病（incapacity related）・保健（health）・家族（family）・積極的労働市場政策（active labour market programmes）・失業（unemployment）・住宅（housing）・他の政策分野（other social policy areas）の9つの項目に区分している。

そのうち，家族（family）は，家族手当（family allowance）・出産育児休業給付（maternity and parental leave）・その他の現金給付（other cash benefits）・乳幼

児期の教育とケア（early childhood education and care, ECEC）・ホームヘルプ・施設（home-help/accommodation）・その他の現物給付（other benefits in kind）の6つの項目から構成される。

　つまり，家族手当や出産育児休業給付，保育サービスなど，出産や育児を支援する諸政策からなる「家族関係社会支出」は，OECD 加盟国間の比較が可能になるよう集計されているという点から，少子化問題に対応するための各国政府の取り組みの目安となる。

OECD 諸国における家族関係社会支出

　図表序－7は，1980年から2011年まで，OECD 加盟国における家族関係社会支出の推移を示したものである。ほとんどの国において家族関係社会支出は着実に増加している。2011年現在，OECD 加盟国の平均は対 GDP 比2.2％であり，3つの国家群を比較的明確に確認することができる。この国家群は，いくつかの後発福祉国家を除けば，エスピン－アンデルセン（1990）が提示した3つの福祉レジーム類型と相当程度重なる。家族関係社会支出が3～4％台である社会民主主義類型，2％台の保守主義類型，そして1％台（1.6％以下）の自由主義類型である。

　しかし，1.6％以下という他の類型に比べて極めて低い支出を示している国家群の中には，自由主義類型には当てはまらない支出パターンを持つ国がいくつかある。それは，自由主義類型とは異なり，社会支出自体は高いにもかかわらず，ケアにおける家族の責任が強調されることで，家族関係社会支出が抑制されてきた国々である。

　この2つを分けるために，社会支出は OECD 加盟国の平均である21.4％より高いにもかかわらず，家族関係社会支出が1.6％以下である国を取り出してみる。それは，オランダ・イタリア・ギリシャ・日本・スペイン・ポルトガル

図表序 - 7　OECD 家族関係社会支出の推移　　対国内総生産比（%）

	1980	1985	1990	1995	2000	2005	2009	2010	2011	2011 社会支出
デンマーク	2.8	2.6	3.3	3.8	3.5	3.6	4.2	4.0	4.0	30.1
イギリス	2.3	2.3	1.9	2.3	2.7	3.1	4.0	4.0	4.0	22.7
アイルランド	1.1	1.4	2.0	2.1	2.0	2.8	4.1	4.1	3.9	22.3
ルクセンブルク	1.7	1.5	1.9	2.6	3.1	3.6	4.3	4.0	3.6	22.5
スウェーデン	3.8	4.0	4.3	3.8	3.0	3.3	3.8	3.6	3.6	27.2
アイスランド	—	—	2.4	2.4	2.2	3.0	4.0	3.9	3.5	18.1
ハンガリー	—	—	—	—	3.1	3.1	3.6	3.5	3.3	22.6
ニュージーランド	2.1	2.3	2.6	2.3	2.7	2.6	3.5	3.4	3.3	20.7
フィンランド	2.1	2.6	3.2	4.0	3.0	3.0	3.3	3.3	3.2	28.3
ノルウェー	1.8	1.9	2.7	3.6	3.0	2.8	3.2	3.1	3.1	21.8
ベルギー	3.0	2.6	2.3	2.3	2.6	2.6	2.8	2.8	2.9	29.3
フランス	2.4	2.7	2.5	2.7	3.0	3.0	3.1	3.0	2.9	31.4
オーストラリア	0.9	1.1	1.5	2.7	2.9	2.7	2.8	2.6	2.8	17.8
オーストリア	3.2	2.9	2.6	3.1	2.8	2.8	2.9	2.9	2.7	27.7
エストニア	—	—	—	—	1.8	1.8	2.6	2.6	2.3	16.8
ドイツ	2.0	1.5	1.8	2.1	2.1	2.1	2.2	2.2	2.2	25.5
イスラエル	—	—	—	2.6	2.6	2.1	2.2	2.2	2.2	15.6
スロベニア	—	—	—	2.2	1.9	2.1	2.2	2.2	2.2	24.0
OECD	1.6	1.5	1.6	1.8	1.9	2.0	2.3	2.3	2.2	21.4
スロバキア	—	—	—	2.5	2.0	1.9	2.0	2.0	2.1	18.1
チェコ	—	—	2.4	1.9	1.9	1.7	1.8	1.7	1.6	20.1
オランダ	2.5	2.1	1.7	1.3	1.5	1.6	1.7	1.7	1.6	23.5
イタリア	1.1	0.9	0.9	0.7	1.3	1.3	1.6	1.5	1.5	27.5
ギリシャ	0.3	0.3	0.7	1.0	1.0	1.1	1.4	1.4	1.4	25.7
日　本	0.5	0.4	0.4	0.5	0.6	0.8	1.0	1.3	1.4	23.1
スペイン	0.5	0.3	0.3	0.4	1.0	1.2	1.5	1.5	1.4	26.8
スイス	1.0	1.0	0.9	1.0	1.1	1.3	1.3	1.4	1.4	19.3
チ　リ	—	—	0.5	0.4	0.7	0.8	1.7	1.5	1.3	10.1
ポーランド	—	—	1.7	1.1	1.2	1.1	1.1	1.1	1.3	20.1
カナダ	0.7	0.7	0.6	0.9	0.9	1.1	1.3	1.3	1.2	17.4
ポルトガル	0.6	0.6	0.7	0.7	1.0	1.2	1.5	1.4	1.2	24.8
メキシコ	—	0	0	0.1	0.6	1.0	1.1	1.2	1.1	7.7
韓　国	—	—	0	0.1	0.1	0.3	0.8	0.8	0.9	9.0
アメリカ	0.8	0.6	0.5	0.6	0.8	0.7	0.7	0.7	0.7	19.0
トルコ	0.6	0.5	0.9	0.2	—	0	0	0	0	12.2

出所：OECD SOCX から筆者作成。

など，オランダを除けば，これまで南欧型または地中海型，家族主義型などの福祉レジームとして呼ばれてきた第四の類型の国々と一致している。

もとより，それぞれの福祉レジームが重点を置いている領域は，歴史的背景及び社会的価値，そして人口構造や経済状況によって様々である。そこで，各福祉レジームにおける少子化対策の優先順位を把握するために，社会支出全体に占める家族関係社会支出の割合を確認してみよう。

1980年から2011年までOECD加盟国の社会支出に占める家族関係社会支出の割合を示した図表序-8によると，OECD加盟国の平均は10.3%であり，下位を占める国々はトルコ・アメリカ・ポルトガル・スペイン・ギリシャ・イタリア・日本の順である。これらの国においては，少子化対策の優先順位がOECD諸国の中で最も低いといえる。

社会支出そのものはOECD加盟国の平均である21.4%より高いにもかかわらず，家族関係社会支出が1.6%以下である国家（オランダ・イタリア・ギリシャ・日本・スペイン・ポルトガル）と，少子化対策の優先順位がOECD諸国の中で最も低い国家（トルコ・アメリカ・ポルトガル・スペイン・ギリシャ・イタリア・日本）のどちらにも含まれるのは，「ギリシャ・イタリア・日本・ポルトガル・スペイン」であり，これまで新川（2005）などによって，家族主義福祉レジームとして分類されてきた国家群であることが確認できる。

このように，家族主義福祉レジームに分類される国々では，伝統的家父長制やカトリックの社会的な教義など補完性の原理に基づき，家族を基礎単位とする社会的ネットワークがうまく機能しない場合に限って公的な介入を行うことが正当化されてきた（Esping-Andersen 1999：87）。その結果，少子化対策も極めて受動的で限定的に展開されてきた。したがって，家族主義福祉レジームでは，年金（高齢・遺族）や医療（保健），教育関係支出の割合は高いのに対して（Taylor-Gooby 2004：13），保育サービスや出産育児休業給付など，少子化対策

図表序 - 8　OECD社会支出に占める家族関係社会支出の割合　　　(％)

	1980	1985	1990	1995	2000	2005	2009	2010	2011
アイスランド	—	—	17.8	16.0	14.7	18.4	21.6	21.8	19.3
イギリス	14.1	12.0	11.7	12.0	14.7	15.3	16.7	17.5	17.6
アイルランド	6.9	6.7	11.6	11.7	15.3	17.7	17.5	17.6	17.5
ルクセンブルク	8.4	7.6	9.9	12.5	15.8	16.4	17.7	17.4	16.0
ニュージーランド	12.4	13.1	12.3	12.5	14.3	14.5	16.7	16.2	15.9
オーストラリア	8.8	9.1	11.5	16.8	16.9	16.5	16.1	15.1	15.7
ハンガリー	—	—	—	—	15.1	13.9	14.6	14.9	14.6
メキシコ	—	0	0	2.4	12.0	15.4	14.3	15.4	14.3
ノルウェー	11.0	10.9	12.3	15.7	14.4	13.3	14.0	13.8	14.2
イスラエル	—	—	—	15.6	15.5	13.1	13.9	14.0	14.1
エストニア	—	—	—	—	13.0	13.7	13.1	13.8	13.7
デンマーク	11.5	11.4	13.2	13.2	13.5	13.2	14.1	13.4	13.3
スウェーデン	14.6	14.2	15.1	11.9	10.6	11.5	12.9	12.9	13.2
チ　リ	—	—	5.1	3.6	5.5	9.2	15.2	14.3	12.9
スロバキア	—	—	—	13.3	11.2	11.8	10.8	10.9	11.6
フィンランド	11.7	11.8	13.4	13.5	12.9	12.0	11.7	11.5	11.3
OECD	10.4	8.8	9.1	9.3	10.2	10.3	10.5	10.6	10.3
韓　国	—	—	0	3.1	2.1	4.6	8.5	8.9	10.0
ベルギー	12.8	10.0	9.2	9.0	10.6	10.2	9.6	9.7	9.9
オーストリア	14.5	12.4	11.1	11.9	10.7	10.4	10.1	10.1	9.7
フランス	11.7	10.5	10.0	9.3	10.6	10.1	9.8	9.5	9.2
スロベニア	—	—	—	—	9.6	8.7	9.1	9.2	9.2
ドイツ	9.2	6.8	8.4	8.1	8.0	7.8	8.0	8.2	8.6
チェコ	—	—	16.4	11.4	10.1	9.2	8.9	8.5	8.0
スイス	7.4	7.0	7.0	5.9	6.4	6.7	6.6	7.2	7.3
カナダ	5.3	4.3	3.4	4.9	5.7	6.8	7.0	7.3	6.9
オランダ	10.1	8.3	6.6	5.5	7.6	7.3	7.4	7.2	6.8
ポーランド	—	—	11.4	4.9	5.9	5.3	5.3	5.3	6.5
日　本	4.9	3.6	3.6	3.5	3.7	4.3	4.5	5.9	6.1
イタリア	6.1	4.3	4.2	3.2	5.6	5.2	5.8	5.4	5.5
ギリシャ	2.9	1.9	4.2	5.7	5.2	5.2	5.7	5.8	5.4
スペイン	3.2	1.7	1.5	1.9	5.0	5.7	5.7	5.6	5.2
ポルトガル	6.3	6.0	5.6	4.3	5.4	5.3	5.9	5.6	4.8
アメリカ	6.3	4.7	3.8	4.0	5.6	4.5	3.8	3.6	3.7
トルコ	19.4	16.1	16.4	3.6	—	0	0	0	0

出所：OECD SOCX から筆者作成。

は充実していないという特徴が見られる（新川 2014：38）。

国際比較から見た韓国における家族関係社会支出

ところで，先ほど確認した家族主義福祉レジームを持つ国家群（ギリシャ・イタリア・日本・ポルトガル・スペイン）の中に，宮本・ペング・埋橋（2003）や安・林・新川（2015）など，多くの福祉国家研究において，家族主義福祉レジームとして分類されてきた韓国は含まれていない。その理由としては，以下の２点が挙げられる。第一に，南欧諸国や日本に比べて福祉国家の形成が大幅に遅れた韓国における社会支出は，2011年現在対GDP比9.0％と，OECD平均（21.4％）の半分以下である。第二に，社会支出全体に占める家族関係社会支出の割合は，家族主義福祉レジームの平均（5.4％）を大きく上回る10.0％となっている（図表序-8）。

このように，家族主義福祉レジームの特徴に当てはまらない韓国の家族関係社会支出を韓国と最も類似しているとされてきた日本との比較から検討しよう[7]。まず，日韓両国の対GDP比家族関係社会支出の増加パターンは類似している（図表序-9）。韓国における家族関係社会支出は，1990年0.03％から2014年1.20％へと24年の間に約40倍にも増加している。他方，日本における家族関係社会支出は同期間0.36％から1.34％へと増加しており，今や韓国との差はわずか0.14％に過ぎない。

次に，社会支出全体に占める家族関係社会支出の割合から把握できる少子化対策の優先順位においては，近年大きな違いが認められる（図表序-10）。韓国において，1990年1.01％であった社会支出全体に占める家族関係社会支出の割合は，2005年以降急激に上昇し，2014年には11.54％となっている。他方，日本の場合，その数値は1990年の3.20％から2014年5.60％へと増加したとはいえ，韓国に比べると，長期間に渡って低い水準のままである。

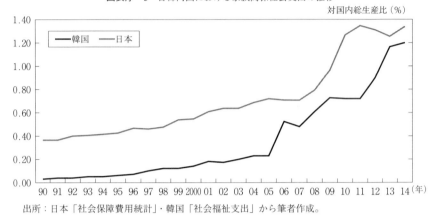

図表序-9 日韓両国における家族関係社会支出の推移

出所:日本「社会保障費用統計」・韓国「社会福祉支出」から筆者作成。

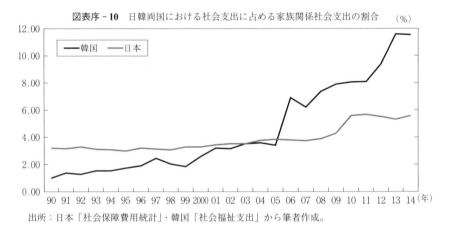

図表序-10 日韓両国における社会支出に占める家族関係社会支出の割合

出所:日本「社会保障費用統計」・韓国「社会福祉支出」から筆者作成。

さらに,家族主義福祉レジームに属する国々との比較から韓国における少子化対策の優先順位を検討すると,韓国の特殊性が浮かび上がる。韓国は家族主義福祉レジームの傾向から大きく逸脱し,少子化対策の優先順位を急激に上げてきたのである(図表序-11参照)。

序　章　少子化問題と保育政策

図表序-11　家族主義福祉レジームにおける社会支出に占める家族関係社会支出の割合

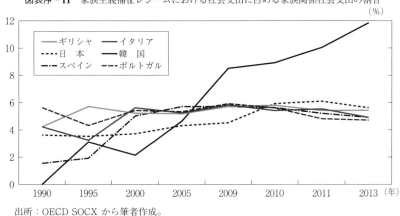

出所：OECD SOCX から筆者作成。

家族関係社会支出の増加と保育政策の拡充

こうした韓国の逸脱は具体的に何を意味しているのであろうか。図表序-12は，家族主義福祉レジームに属する国々における「家族関係社会支出」と「乳幼児期の教育とケア（ECEC）」，つまり保育関係支出の推移を示したものである。家族手当が家族関係社会支出の多くを占めているほとんどの国において，乳幼児期の教育とケアは，2011年現在，約 7 ％（ギリシャ全体1.4%のうち0.1%）から約43%（スペイン1.4%のうち0.6%）を占めている。ところが，韓国でその割合は2000年0.1%の全て，2009年には0.8%のうち0.7%，2011年0.9%のうち0.8%と家族関係社会支出の 9 割程度が乳幼児期の教育とケア，すなわち，保育関係支出となっている。このような韓国における保育政策の急速な拡充に本書は着目する。

保育政策が急速に拡充された結果，保育関係予算は，2003年8,261億ウォンから2008年 3 兆3,667億ウォン，2013年には 8 兆4,195億ウォンへと大きく増加した。わずか10年で10倍以上にも増加したのである（図表序-13参照）。また，2015年には13兆8,000億ウォンへとさらに増加し，同年7,067億円（約 7 兆ウォ

図表序-12　家族主義福祉レジームにおける家族関係社会支出（カッコ内ECEC）の推移

対国内総生産比（%）

	1980年	1985年	1990年	1995年	2000年	2009年	2010年	2011年
ギリシャ	0.3(—)	0.3(—)	0.7(0.1)	1(0.1)	1(0.1)	1.4(0.1)	1.4(0.1)	1.4(0.1)
イタリア	1.1(0.1)	0.9(0.1)	0.9(0.2)	0.7(0.1)	1.3(0.6)	1.6(0.7)	1.5(0.6)	1.5(0.6)
日　本	0.5(0.2)	0.4(0.2)	0.4(0.2)	0.5(0.2)	0.6(0.3)	1(0.4)	1.3(0.4)	1.4(0.4)
韓　国	—(—)	—(—)	0(0.0)	0.1(0.0)	0.1(0.1)	0.8(0.7)	0.8(0.7)	0.9(0.8)
ポルトガル	0.6(0.0)	0.6(0.0)	0.7(0.0)	0.7(0.0)	1(0.3)	1.5(0.4)	1.4(0.4)	1.2(0.4)
スペイン	0.5(0.0)	0.3(0.0)	0.3(0.0)	0.4(0.0)	1(0.4)	1.5(0.6)	1.5(0.6)	1.4(0.6)
OECD	1.6(—)	1.5(—)	1.6(—)	1.8(—)	1.9(0.5)	2.3(0.7)	2.3(0.7)	2.2(0.7)

出所：OECD SOCX から筆者作成。

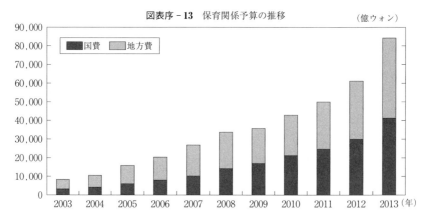

図表序-13　保育関係予算の推移　（億ウォン）

出所：2003〜2007年企画予算処・女性家族部内部資料，2008年〜2013年保健福祉部内部資料，チャン・ハジン/イ・オク/ペク・ソンヒ（2015）から筆者作成。

ン程度）である日本の約2倍になっている。日本の乳幼児人口が韓国の2.3倍であることを考えると，韓国における乳幼児1人当たりの予算は，日本の約4倍に達する。

　それに伴い，保育の社会化という面からも大きな変化が生じている。0〜2歳児の保育施設等利用率は，2002年11.8%から2017年には67.7%へと大きく上昇した。また，3〜5歳児の保育施設等利用率も2002年56.9%から2017年には

序　章　少子化問題と保育政策

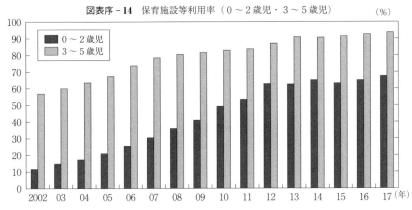

図表序 - 14　保育施設等利用率（0～2歳児・3～5歳児）

出所：保健福祉部（2003～2017）『保育統計』から筆者計算。

図表序 - 15　保育施設等利用乳幼児数・利用率の推移　　　　　　　　　　（人）

年	0～2歳児			3～5歳児				
	児童数	利用児童数	利用率	児童数	利用児童数	利用率	保育施設	幼稚園
2002	1,746,119	206,494	11.8%	1,936,485	1,102,382	56.9%	552,126	550,256
2003	1,619,102	241,559	14.9%	1,883,684	1,133,616	60.2%	587,085	546,531
2004	1,503,732	262,916	17.5%	1,834,493	1,169,825	63.8%	628,112	541,713
2005	1,424,179	302,351	21.2%	1,742,512	1,177,824	67.6%	639,037	541,603
2006	1,368,239	349,935	25.6%	1,604,495	1,181,325	73.6%	640,134	545,812
2007	1,346,761	413,829	30.7%	1,483,047	1,159,843	78.2%	624,786	541,550
2008	1,384,600	501,889	36.2%	1,404,927	1,127,963	80.3%	597,415	537,822
2009	1,400,739	574,394	41.0%	1,358,215	1,110,948	81.8%	574,280	537,361
2010	1,388,207	686,256	49.4%	1,336,928	1,110,661	83.1%	573,084	538,587
2011	1,381,290	739,332	53.5%	1,378,526	1,156,694	83.9%	592,382	564,834
2012	1,383,570	872,284	63.0%	1,394,242	1,215,841	87.2%	603,047	613,749
2013	1,392,340	874,975	62.8%	1,381,726	1,256,997	91.0%	602,176	658,188
2014	1,363,854	890,573	65.3%	1,377,455	1,249,656	90.7%	597,862	652,546
2015	1,361,626	864,596	63.5%	1,379,695	1,262,676	91.5%	580,821	682,553
2016	1,298,759	845,984	65.1%	1,412,324	1,309,369	92.7%	605,231	704,138
2017	1,272,768	862,237	67.7%	1,366,486	1,282,637	93.9%	588,006	694,631

出所：保健福祉部（2003～2017）『保育統計』から筆者計算。

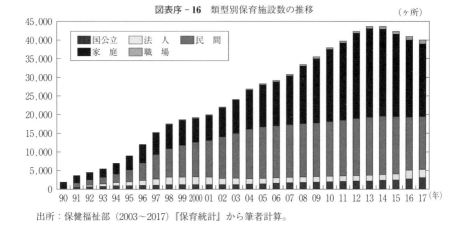

図表序-16 類型別保育施設数の推移

出所：保健福祉部（2003～2017）『保育統計』から筆者計算。

93.9％にまで上昇している（図表序-14・序-15参照）。2017年現在，35.1％（0～2歳児）と72.9％（3～5歳児）である日本を大きく上回る（厚生労働省「保育所等関連状況取りまとめ」）。

図表序-16は，類型別保育施設数の推移を示したものである。保健福祉部が毎年発表している『保育統計』によると，1991年全国の保育施設は1,919ヶ所あったが，2017年にはその数が4万238ヶ所に達しており，過去27年間で20倍以上に増えた。保育料が相対的に高いが誰でも利用できる認可外保育施設の割合が低く，認可保育施設の利用は「保育に欠ける」子どもに限られている日本の3万2,793ヶ所（2017年）を大きく上回る。

類型別には，小規模の民間保育施設を意味する家庭保育施設が49.0％と最も多く，次いで民間保育施設が35.0％となっており，家庭及び民間保育施設が占める割合は73.3％に達している。他方，国公立保育施設は7.9％，法人保育施設は5.4％，職場保育施設は2.6％に過ぎず，嬰幼児保育法が制定された1991年以降行われてきた保育施設の拡充は，国公立や法人などの公共保育施設ではなく，民間保育施設に大きく依存して行われてきたことがわかる。

序　章　少子化問題と保育政策

図表序-17　保育施設別保育児童数の推移　　　　　　　　　　（人）

年	国公立	法人	民間	家庭	職場	合計
1990	25,000	—	1,500	20,000	1,500	48,000
1991	37,017	—	36,099	15,613	712	89,441
1992	49,529	31,243	26,554	15,203	768	123,297
1993	55,133	44,026	36,374	17,012	725	153,270
1994	70,937	63,466	56,502	27,427	976	219,308
1995	78,831	77,187	93,225	42,116	2,388	293,747
1996	85,121	99,119	156,725	58,440	3,596	403,001
1997	89,002	123,567	234,678	68,467	5,245	520,959
1998	91,260	141,616	259,290	58,968	5,823	556,957
1999	99,866	151,652	314,825	67,294	7,278	640,915
2000	99,666	157,993	352,574	67,960	7,807	686,000
2001	102,118	161,419	385,527	77,247	7,881	734,192
2002	103,351	142,035	455,936	90,939	8,730	800,991
2003	103,474	140,994	499,551	103,935	10,391	858,345
2004	107,335	135,531	555,812	119,787	11,787	930,252
2005	111,911	125,820	608,734	129,007	12,985	988,457
2006	114,657	120,551	641,137	148,240	14,538	1,039,123
2007	119,141	118,211	668,390	177,623	15,124	1,098,489
2008	123,405	113,894	669,465	210,438	16,809	1,134,011
2009	129,656	112,338	675,763	236,843	18,794	1,173,394
2010	137,604	114,054	723,017	281,436	21,901	1,278,012
2011	143,035	112,688	757,323	308,410	24,987	1,346,443
2012	149,677	113,049	820,170	371,671	29,881	1,484,448
2013	154,465	108,834	821,863	364,113	34,479	1,483,754
2014	159,241	104,552	824,589	365,250	39,265	1,492,897
2015	165,743	146,573	794,456	344,007	44,765	1,495,544
2016	175,929	144,487	745,663	328,594	52,302	1,446,975
2017	186,916	140,198	738,559	321,608	58,454	1,445,735

出所：保健福祉部（2003～2017）『保育統計』から筆者計算。

　保育施設の数が増えることで，保育施設を利用する子どもの数も飛躍的に増加した。図表序-17によると，1990年4万8,000人であった保育施設を利用する子どもの数は2017年現在144万5,735人と，過去27年間に30倍以上になった。類型別に見ると，民間保育施設と家庭保育施設を利用する子どもの割合はそれぞれ51.5％と22.2％であり，併せて73.3％を占めている。他方，国公立保育施

19

図表序 - 18　職種別保育教職員の数　　　　　　　　　　（人）

年	計	院長	保育士	特殊教師	作業・理学療法士	栄養士	看護師	その他	児童/保育士
2001	82,231	20,054	47,030	—	—	365	537	14,030	15.6
2002	94,383	22,141	53,934	—	—	479	532	17,067	14.9
2003	101,622	24,142	57,403	—	—	532	666	18,662	15.0
2004	125,147	26,903	77,395	—	—	503	655	19,546	12.0
2005	136,916	28,367	85,080	482	423	663	676	21,124	11.6
2006	156,306	29,233	104,320	656	508	878	756	19,884	10.0
2007	169,585	30,856	120,963	798	501	681	642	15,119	9.1
2008	191,103	33,499	139,060	1,053	475	613	745	15,658	8.2
2009	206,912	35,424	150,477	1,103	538	624	763	17,983	7.8
2010	229,084	37,601	166,937	1,248	532	649	833	21,284	7.7
2011	248,635	39,546	180,247	1,341	550	706	891	25,354	7.5
2012	284,237	42,164	204,946	1,717	520	771	1,118	33,001	7.2
2013	301,719	43,550	212,332	1,776	529	848	1,211	41,473	7.0
2014	311,817	43,532	218,589	1,856	546	926	1,254	45,114	6.8
2015	321,067	42,338	229,116	1,981	549	914	1,226	44,943	6.5
2016	321,766	40,901	229,548	2,115	567	934	1,296	46,405	6.3
2017	330,217	40,085	235,704	2,106	600	944	1,249	49,529	6.1

出所：保健福祉部（2003～2017）『保育統計』から筆者計算。

設と法人保育施設、職場保育施設を利用している子どもは、それぞれ12.9％、9.7％、4.0％に過ぎない。

　図表序 - 18は、職種別保育教職員の数を示した表である。保育施設で働いている保育教職員には、院長、保育士、特殊教師、作業・理学療法士、栄養士、看護師などが含まれる。2001年8万2,231人であった全体保育教職員数は2017年現在33万217人へと16年間で4倍にも増加している。職種別に見て最も多い保育士は、2001年4万7,030人から2017年23万5,704人へと5倍以上増えている。

　その結果、2001年には15.6人であった保育士1人が担当しなければならない子どもの数は、2017年には従来の3分の1水準である6.1人に減っている。具体的に、3歳未満の場合7人、3歳以上は15人であった保育士1人当たりの子どもの数は、2004年に行われた嬰幼児保育法の全面改正により、0歳3人、1

図表序 - 19　保育料支援児童　　　（人）

年	保育施設利用児童	保育料支援児童	保育料支援率
2003	858,345	210,613	25%
2004	930,252	279,882	30%
2005	989,390	437,604	44%
2006	1,040,361	602,898	58%
2007	1,099,933	586,836	53%
2008	1,135,502	592,256	52%
2009	1,175,049	795,121	68%
2010	1,279,910	878,880	69%
2011	1,348,729	991,310	73%
2012	1,487,361	1,351,232	91%
2013	1,486,980	1,474,645	99%
2014	1,496,671	1,482,767	99%
2015	1,452,813	1,438,167	99%
2016	1,451,215	1,433,789	99%
2017	1,450,243	1,431,940	99%

出所：保健福祉部（2003〜2017）『保育統計』から筆者計算。

〜2歳5人，2〜3歳7人，3〜4歳15人，4歳以上は20人と細分化された[9]。0歳3人，1〜2歳6人，3歳20人，4〜5歳30人である日本より良い環境で保育がなされているといえよう。

　保育料支援の対象を拡大した結果，保育料支援を受ける子どもは実際にどれくらい増えたのだろうか。図表序 - 19によると，2003年には25％に過ぎなかった保育料支援を受ける子どもの割合は，その後急激に増加し，普遍的な無償保育が実現した2013年には，ほぼ全ての子ども（99％）が保育料支援を受けている。

　さらに言えば，韓国の場合，保育施設への入所条件は設けられておらず[10]，保育施設を利用する全ての0〜5歳児を対象に保育料が全額支援されている。それゆえ，特に入所競争が激しい国公立の場合，空きを待つ待機児童が発生するなど，第一志望の保育施設に入れないことはあっても，日本のような「どこに

も入れない」待機児童問題は存在しない。

4　本書の問いと構成

　本書は，従来家族主義福祉レジームに分類されてきた韓国が，そこから大きく逸脱するような保育政策の急速な拡充を行ってきたことに着目する。韓国はアジア通貨危機の直接的影響を受けた1990年代後半から福祉国家の形成に乗り出したばかりで，失業や貧困など従来型の社会的リスク（old social risk）も未だ解決されていない状況にある。にもかかわらず，ケアの空白という新しい社会的リスクに対応するために保育政策を急速に拡充したことは，他に例を見ない画期的な変化であった。

　なぜ，韓国は保育政策を急速に拡充したのであろうか。この問いに答えるためには，誰が，どのような選好を持ち，いかなる戦略を使って保育政策を拡充したのかを検討する必要がある。また，こうした拡充にもかかわらず，なぜ，受益者である保育施設側と親たちは依然として不満を示しているのか[11]。さらに，このような不満が，2000年代後半以降深刻さを増しているのはなぜかという問題も併せて考える必要がある。

　韓国の場合，第二次世界大戦終結後の「黄金の30年」の時代に福祉国家を形成した先進諸国とは違って，グローバル競争の激化による緊縮財政が続く中で，福祉国家を発展させる必要があった。そのため，左派であれ右派であれ，大統領は「福祉拡充」と「財政健全化」という二律背反の中で政策選択を行わなければならない。このような韓国特有の状況が，保育政策の急速な拡充にもかかわらず，受益者集団がなお不満を募らせている矛盾を理解する鍵を握るように思える。保育政策は，予算規模からすると，確かに右肩上がりで拡充されてきたものの，個別プログラムからすると，拡充だけでなく合理化も図られてきたのである。

本書の問いには，保育政策の政治過程を分析することで答える。それは，家族主義福祉レジームに分類される国々は，保育政策の拡充を促進または制限する共通した経済的・社会的・人口学的要因を持つためである。まず，景気低迷による税収の落ち込みが続く中で高齢化による社会保障費の負担増は，保育政策の拡充を大きく制限する経済的要因である。また，女性の労働力参加が増加している一方，核家族化の進展やひとり親世帯の増加など家族形態の変化は，保育政策の拡充を求める社会的要因となっている。そして，深刻な少子高齢化は，保育政策の拡充を国の死活問題にする人口学的要因である。であるとするならば，逸脱の理由を「政治」に求め，保育政策の急速な拡充をもたらした政治的要因を探るのは妥当であろう。

　そこで，筆者はアメリカなど大統領制を採用している国々とは様々な面で異なる韓国の大統領制という制度的特徴からその糸口を探る。さらに，大統領の政策選好形成と与野党議員の戦略変化を大統領のリーダーシップとの相互作用の中で考察したい。また，韓国政治におけるジェンダーの変容は，保育政策に関する大統領の選好形成や保育政策を拡充または合理化する政治過程において彼らが駆使した戦略を理解する上で，重要な手掛かりとなる。歴代大統領は，保育政策を拡充するために，女性を国会議員，それから官僚として保育政策の政治過程に参入させる一方，合理化を図る際には，彼女らを排除する方向でジェンダーをめぐる制度に変更を加えてきたためである。

　本書は保育政策が急速に拡充される直前の金大中政権（1998～2003）から朴槿恵政権（2013～2017）までの19年間を分析対象とし，第2章から第5章の各章では，政治家としてのキャリアや支持基盤など大統領のリーダーシップの源泉となる政治的資源（第1節），彼らが推進した社会保障改革と保育政策の位置付け（第2節），韓国政治におけるジェンダーの変容（第3節），保育政策が拡充または合理化される政治過程（第4節）を政権ごとに詳細に検討する。

より具体的に，第1章では，昨今の保育政策の政治過程を分析するための予備作業として，救貧的な「託児」が子どもの保護と教育の機能を担当する「保育」に変貌し，さらには全ての子どもを対象とする普遍的な「無償保育」へと発展する保育政策の変容過程をたどる。

　第2章では，韓国政治史上初めて選挙によって平和的な政権交代を果たし，革新政権を誕生させた金大中（キム・デジュン）政権を扱う。アジア通貨危機に見舞われた金大中政権は，「生産的福祉」という福祉理念の下で社会保障改革に乗り出したが，失業や貧困など従来型の社会的リスクの解決を迫られていたため，新しいリスクへの対応といえる保育政策の拡充に取り組む余裕はなかった。一方，地域主義が韓国政治を支配している中で，相対的に人口の少ない地域を支持基盤としていた金大中大統領が女性からの支持を動員するために取り組んだジェンダーをめぐる制度改革は，後任の盧武鉉政権が保育政策を拡充する制度的基盤となった。

　第3章では，過去に例を見ない全く新しいタイプの政治家である盧武鉉（ノ・ムヒョン）大統領による新しい政治について考察を加える。これまでの大統領とは異なり，地域的な支持基盤を持たない盧武鉉にとって，女性からの支持を動員することは，金大中以上に切実な課題であった。そこで，彼は女性の実質的代表性を向上させるための制度改革をさらに進める一方，保育政策を拡充することで，女性という新たな支持基盤を形成しようとした。保育政策の拡充は彼に友好的な若年層のニーズを充足させるための格好の手段でもあった。他方，保育支援対象の急激な拡大に伴い保育関係予算が急増すると，保育料自由化という名目で保育政策の合理化が試みられる。しかし，与党議員の阻止によって実現には至らなかった。

　第4章では，10年間の革新政権を「失われた10年」であったと断罪し，保守政権を復活させた李明博（イ・ミョンバク）政権を扱う。CEO型リーダーシッ

プを謳い，新自由主義的な「能動的福祉」という福祉理念の下で国民の自立を促した李明博大統領は，これまでの大統領とは違って全地域・全世代から圧倒的な支持を得て大統領に当選したため，女性からの支持動員には興味がなかった。その結果，ジェンダーをめぐる制度改革は後退してしまう。一方，世代間対立が鮮明になる中で，若年層の保守離れが深刻になると，彼は保育政策をさらに拡充することで若年層からの支持動員を図る。他方，保育料支援コストの3分の1に過ぎない養育手当を導入するという彼の合理化戦略は，現金を配る人気政策であったため，与野党議員の反対なく実現した。

 第5章では，韓国の高度経済成長の象徴であった朴正熙（パク・チョンヒ）元大統領の娘ということで，朝鮮半島の南東部に位置する嶺南（ヨンナム）地域とその時代を懐かしむ高齢者から圧倒的な支持を得て韓国初の女性大統領となった朴槿恵（パク・クネ）大統領時代について検討する。朴槿恵が大統領になったのは，女性大統領の誕生を望む女性有権者のおかげでもあったものの，彼女が掲げた女性政策は当選と同時に消え去る。他方，世代間対立が深刻化していく中で，若年層の保守離れに悩んでいた朴槿恵政権は，目玉公約として掲げた国家責任保育を実現しようとする。そのために，財政責任を地方自治体（自治体）・教育庁に押し付ける一方，専業主婦を差別する方向で合理化が図られる。

 終章では，保育政策が拡充または合理化される政治過程をまとめた上で，ジェンダー政治研究と福祉国家研究において本書が持つ理論的含意を確認する。最後に，本書の問いを導き出す背景となった韓国の家族主義福祉レジームからの逸脱について筆者の見解を簡単にまとめる。

注
(1) 粗離婚率とは，ある一定期間における平均人口総数に対する離婚数の比率である。
(2) 近年の福祉国家研究では，日本や韓国などの東アジア諸国を分析対象として取り入れる試みがなされてきた。新川（2014）は，脱商品化と脱家族化という2つの指

標を用いて，Esping-Andersen（1999）が提示した三類型（社会民主主義，保守主義，自由主義）に当てはまらない第四の類型である「家族主義福祉レジーム」を導き出し，日本と韓国，南欧諸国がこれに当てはまるとした。
(3) 合計特殊出生率とは，出産可能とされる15歳から49歳までの女性が産む子どもの数の平均を示す数値である。
(4) Taylor-Gooby（2004）は，新しい社会的リスクについて，脱工業化社会への移行に伴う経済的・社会的変化の結果として人々が直面するリスクであると定義している。具体的には，女性の労働力参加の増加による仕事と家庭の両立問題，高齢化による社会保障給付費の増大と介護問題，労働市場の二極化による未熟練労働者の貧困問題，社会サービスの民営化による諸問題などがある。
(5) 65歳以上の高齢者人口が総人口に占める割合を「高齢化率」という。この高齢化率が7％以上であると「高齢化社会」，14％以上であると「高齢社会」，21％以上であると「超高齢社会」という。
(6) 厚生省がまとめた1989年の人口動態統計で，合計特殊出生率が過去最低であった1966年の1.58を下回る1.57となったことが発表されると，少子化は一気に重要な社会問題としての地位を占めることになり，日本政府は子育て支援を通じた少子化問題の解決に乗り出した。
(7) 日本と韓国は，政府の形態，企業の特徴，家族の機能，経済発展の経路など様々な観点から類似していると指摘されてきた（安周永 2013）。また，日韓ともに西欧諸国に比べると遅れて福祉国家体制が成立した「後発国」としての特徴が目立つ（金成垣 2016）。
(8) 3～5歳児の場合，保育施設だけでなく，幼稚園も含む。
(9) 嬰幼児保育法施行規則の別表2「保育教職員の配置基準」を参照。
(10) 韓国において，保育施設の設立は認可制となっているため，「認可外」保育施設は存在しない。また，国公立・民間を問わず，全ての保育施設が国の規制と支援を受けている。
(11) 東亜日報の未来戦略研究所によると，0～5歳児を持つ女性1,529人を対象に行った世論調査で，回答者の70.3％が現行の保育制度に対する不満を示した（『東亜日報』2012年9月10日）。また，全国女性連帯が0～5歳児を持つ親1,425人を対象に世論調査を行った結果，「非常に不満」が61.1％，「不満」が27.9％と，朴槿恵政権の保育政策に対して不満があるという回答が89.0％に達した（『聯合ニュース』2016年11月8日）。こうした受益者集団の不満について，第2章以降詳しく取り上げて行きたい。

第 1 章
保育政策の変容

1 「託児」から「保育」へ

嬰幼児保育法の制定以前

児童福利法　　韓国の保育政策は，1961年12月30日に制定され，1962年1月1
「託児事業」　　日から施行された「児童福利法」の中にある「託児事業」から
始まった。同法は「児童がその保護者から遺失・遺棄または離脱された場合，
その保護者が児童を育成するに適さないか養育できない場合，児童の健全な出
生を期することができない場合，又は，その他の場合に，児童が健全かつ幸せ
に育成されるよう，その福利を保障する」ことを目的としている。また，託児
施設を「保護者が勤労または疾病などにより養育しなければならない児童を保
護する能力がない場合に，保護者の委託を受けてその児童を入所させ保護する
ことを目的とする施設」であると定義した児童福利法の施行令から，国が保護
すべき対象として「正常から外れて」親の保護を欠いている子どもを想定して
いたことがわかる。

一方，1962年に軍事政権が推し進めた「経済開発五ヶ年計画」の結果，都市
化・工業化が進む中で，既婚女性の労働力参加が急激に増加した。それに伴い，
保育に対する需要も大幅に増えた。これを受けて政府は1968年3月，児童福利

法の施行令として「未認可託児施設臨時措置」を公布し，託児施設の運営主体に関する規制を緩和することで，民間託児施設の設置を促した結果，託児施設の数が大幅に増加した（カン・ヒョング／イ・スンヒョン 2014：148）。それだけでなく，子どもを荷物のように預けるというネガティブなイメージを持っていた「託児所」という名称を「子どもの家」という意味の「オリニジップ」に変えることを勧めた（チョン・ヘソン 2003：60）。

さらに，増加し続けていた既婚女性労働者の託児需要を充足させるために，日本のかつての厚生省に当たる保健社会部（保健福祉部の前身）は，1978年4月，「託児施設運営改善方案」を発表した。同方案には，託児施設の対象を貧困層の子どもだけでなく中間層の子どもにまで広げる代わりに，利用者が保育料を支払うという「受益者負担の原則」を取り入れるという内容が盛り込まれた（カン・ヨンウク 2002：296）。また，中間層の子どもという存在によって，「保護」という従来の機能に加えて，「教育」という機能が追加された。その後，次第に「教育」機能が「保護」より重視されるようになると，託児施設は，実質的に幼稚園と大きく変わらなくなった（相馬 2005：237）。このように，保護を要する子どもだけでなく，全ての子どもの福祉を保障することへと託児事業の目的が変わったことで，その根拠となる児童福利法は，1981年4月，「児童福祉法」へと全面改正された。

幼児教育振興法
「セマウル幼児園」

1982年12月には，「幼児に良い教育環境を整えて心身の発達に充実を期するとともに，無限の潜在力を伸長させることで，将来，健全な人格を持つ国民に成長して個人としての幸せを享受し，自らの力量を国の発展のために貢献できるようにするために，幼児教育と保育を振興する」ことを目的とする幼児教育振興法が制定された。また，託児業務は，従来の保健社会部から内務部に移管された。内務部は，行政力と財政動員能力が最も優れている省庁であった。また，植民地時代に朝鮮総督府が推進し

た農村振興運動をモデルとした韓国の地域開発運動である「セマウル運動」を主導していたため，託児政策もセマウル運動の一環として位置付けられた（イ・ジンスク/イ・スルギ 2013：99）。

　一方，従来のオリニジップ・セマウル協同幼児園・農繁期託児所は，同法第2条で定義されている「セマウル幼児園」に統合・運営されることで，セマウル幼児園と幼稚園からなる「幼保二元体制」が構築された（カン・ヒョング/イ・スンヒョン 2014：148）。機能別に見ると，セマウル幼児園の総合計画の策定は内務部が，奨学指導や教員養成，教具開発・普及は文教部が，医療や保健支援は保健社会部が担当するなど，複数の省庁がそれぞれの機能を担当していた（チョン・ゲヨン 1995：16）。

　セマウル幼児園が根拠としていた法律が幼児教育振興法であることからもわかるように，セマウル幼児園には子どもの保護の他にも，教育という機能が付け加えられることで，単に託児だけでなく，真の意味での保育（保護と教育）が初めて試みられるようになった。一方，就学前教育が強調されていたため，保護機能が重要な0〜2歳児のための保育施設はほとんど整備されておらず，運営時間においても，半日だけ運営されるところが多かったことから幼稚園と大きな差はなかった（相馬 2005：239）。

　さらに言えば，1年に2度，夏休みと冬休みがあったため，共働き世帯の託児需要を充足させるには限界があった。要するに，セマウル幼児園は，教育費が負担になって幼稚園教育が受けられない都市部貧困層や農漁村の子どものために幼稚園の代替施設として機能しただけで，託児施設としての機能はほとんど果たせなかった（キム・ジョンヒョン 2004：7）。その結果，働く母親を中心に，既存の託児制度に対する改善要求が高まった。

嬰幼児保育法の制定

新しい託児関係立法の必要性　1980年代末，急速な経済成長に伴い労働力が不足すると，政府は労働力不足問題を解消するための方策として，女性の労働力参加を促した。その結果，既婚女性の労働力率は，1980年41.0％から1990年46.8％へと増加した（チョン・ヘソン 2003：94）。韓国女性開発院が行なった調査によると，6歳未満の子どもを持つ女性2,203人のうち約30％が，「子育てのために仕事を辞めた」と答えるなど，育児問題が既婚女性の就労において最も大きな悩みであることが明らかになった（『毎日経済』1988年5月9日）。それだけでなく，「零細地域児童保育及び環境に関する研究」は，ソウル・釜山（プサン）・大邱（テグ）など都市零細地域で6歳以下の子どもを持つ働く母親の65％以上が，自分が働いている間に子どもを1人にしており，しかもこの地域の子どもたちの健康状態は他の地域をはるかに下回るという結果を紹介しながら，託児施設の拡充を求めた（『東亜日報』1989年2月15日）。

このような中で，革新系の女性団体である韓国女性団体聯合（女聯）は，1989年10月12日「働く女性が増加し，核家族化が進む中で，子どもの保護と養育のためには，児童福祉法の改正だけでは不十分であり，独立した託児関係法が必要である」と主張し，「託児施設の設置及び運営に関する法律」の試案とともに「託児所の設置及び運営に関する法律制定請願書」を国会議長宛に提出した（『ハンギョレ』1989年10月15日）。しかし，内務部に代わって再び託児業務を所管することになった保健社会部は，新たな託児関係立法ではなく，既存の児童福祉法の施行令を改正することで託児施設の拡充を図っていきたい方針を明らかにした。

しかし，1990年3月，共働き世帯の子ども2人が両親の不在中，火事で窒息死する事故が起きると，政府の対応の遅れに対する批判が高まる。そこで，与党の民主正義党と第二野党の統一民主党，第三野党の新民主共和党の3党が統

合した巨大与党の民主自由党（民自党）は，本格的な法律制定作業に乗り出した。当時，女性議員は全299議席のうち6人に過ぎなかったが，その半分に当たる3人の女性議員，申英順（シン・ヨンスン）・金長淑（キム・ジャンスク）・李潤子（イ・ユンジャ）の代表発議で「嬰幼児保護教育に関する法律（案）」が，1990年11月20日国会に提出された（チョン・ヘソン 2003：105-109）。

嬰幼児保育法の内容　1991年1月14日に制定された「嬰幼児保育法」には，それまで私的領域とされてきた乳幼児保育における社会や国家，自治体の責任が明記された。また，韓国の保育政策が量的かつ質的に拡大する重要なきっかけとなった嬰幼児保育法の制定によって，それまで使われてきた「託児」という用語の代わりに保護と教育を意味する「保育」という用語が広く使われることになった。

このように，新しい法律名を「託児」ではなく「保育」にしたのは，従来の託児施設が提供していた保護サービス以外に，教育サービスもバランスよく提供したいという意図が盛り込まれていた（チャン・ハジン／イ・オク／ペク・ソンヒ 2015：113）。嬰幼児保育法の制定後，幼児教育振興法に準じて設置及び運営されてきたセマウル幼児園は，幼稚園または保育施設のどちらかに転換されることとなり，幼稚園と保育施設の幼保二元体制はそのまま維持された。

嬰幼児保育法の制定によって保育政策上生じた変化は，以下の3つにまとめることができる。第一に，従来は児童福祉法，幼児教育振興法，男女雇用平等法など，複数の法律に基づいて行われてきた関連事業が全て「保育事業」に統合されることで，内務部・教育部・労働部に代わって保健福祉部が代表としてその業務を担当するようになった（チャン・ハジン／イ・オク／ペク・ソンヒ 2015：113）。第二に，保育施設の設置及び運営主体を国・自治体・法人・団体または個人にまで拡大することで，民間保育施設の設置が自由になった。第三に，保育に必要な費用は，保護者負担を原則とするが，国と自治体が貧困層の子ども

の保育料や保育施設の運営費用を支援できるよう規定することで，子どもを養育する責任が親だけでなく，国や自治体にもあることを明らかにした（カン・ヒョング/イ・スンヒョン 2014：149-150）。

嬰幼児保育法の制定以降

嬰幼児保育事業拡充計画　1994年10月，保健社会部は，1995年から1997年まで約1兆3,000億ウォンを投資・融資することで保育施設を大幅に拡大し，保育の対象となる年齢の子どもの受託率を当時の30％から95％まで引き上げることを目標とする「嬰幼児保育事業拡充計画」を発表した（『毎日経済』1994年10月6日）。保健社会部は，「産業構造及び雇用構造の変化に対応するためには，25～34歳の既婚女性の労働力率を46％から60％に引き上げることが欠かせない」と指摘し，同計画が既婚女性を労働力として活用するための対策であることを明らかにした。そのために早急に解決しなければならなかった問題が女性の育児を支援することであったため，政府は優先的に保育施設の量的拡大を図ったのである（チョン・ヘソン 2003：120-121）。

具体的な数値目標が提示された「保育施設拡充三ヶ年計画」によると，政府は当初，公共保育施設（国公立と法人保育施設）3,150ヶ所（41.5％），職場保育施設1,440ヶ所（19.0％），民間保育施設3,000ヶ所（39.5％）など，計7,590ヶ所の保育施設の新設を目標として，公共保育施設を中心とした保育施設の供給計画を立てた（ビョン・ヨンチャン 1998：19-20）。

しかし，政府が実際に政策を進めていく中で，最も優先視されたのは，職場及び民間保育施設であった。特に，職場保育施設を拡充するために，国民年金の基金から「職場及び民間保育施設設置融資事業費」として，7,000億ウォンを確保し，職場保育施設を設置する企業などに最優先に融資した。また，運営費の大部分を占める保育士の人件費を雇用保険の基金から支援することにした

(保健福祉部 1995：291-292)。それだけでなく，民間保育施設を拡充するために設置費を国民年金の基金から長期低利子で融資する一方，融資対象者に制限を設けないことで，保育事業に興味がある者であれば誰でも簡単に保育事業に参入できるようにした（保健福祉部 1995：292-294）。

　嬰幼児保育事業拡充計画の結果，1997年現在保育施設は計8,928ヶ所と目標水準を上回っており（118％），保育児童数も事業の開始時点に比べて約2.6倍に増えた。しかし，内訳を見ると，公共保育施設は1,673ヶ所，職場保育施設は121ヶ所が新設されただけで，目標達成率はそれぞれ53％，8％に過ぎず，民間保育施設だけが7,134ヶ所と当初目標の2倍以上設置されたため，全体としては目標水準を上回ることになったのである。このように，保育施設の拡充は，民間保育施設に大きく依存していた。その結果，民間保育施設は，保育施設全体の81.8％に達する1万3,568ヶ所になった一方，公共保育施設は18.2％に過ぎず，公共保育施設を利用する子どもの割合も1994年65.6％から1997年には42.3％へと大きく減少した（ビョン・ヨンチャン 1998：20）。

保育事業中長期総合発展計画　　アジア通貨危機最中の1998年2月25日に発足した金大中政権は，危機への対応に迫られていた。多くの企業における大規模なリストラを含む経済改革を余儀なくされると，金大統領は，それによる衝撃を和らげるための措置として「生産的福祉」を掲げた。保育政策もまた，生産的福祉の一環として認識され，働く女性の「仕事と育児の両立」を支援することで優秀な女性の労働力参加を支援しようとした（保健福祉部 2001：4）。もう1つの課題は，急速に進行していた少子高齢化への対策を講じることであった。そこで，保健福祉部は，2001年12月，「出産力増進のための奨励策の一環として保育施設の拡充事業を積極的に考える必要がある」として，「保育事業中長期総合発展計画」を発表した（保健福祉部 2001：2）。

　保育事業中長期総合発展計画は，保育を必要とする全ての子どもが保育サー

図表 1 - 1 金大中政権「保育事業中長期総合発展計画」政策目標及び政策課題

政 策 目 標	政 策 課 題 (2002〜2010)
児童及び保護者が満足する質の高い公保育の基盤を構築 • 保育需要の完全充足 • 政府の保育事業財政分担率を先進国レベルに拡大	国公立保育施設の拡充 保育料の支援水準・児童規模の拡大 5歳児無償保育拡大実施 乳児保育の拡充 障害児保育の拡充 放課後保育の拡充 職場保育施設の拡充
保育人材の専門性向上及び処遇改善 • 保育人材の専門性強化 • 保育人材の処遇改善	保育人材の資格基準強化 保育士養成システムの確立 保育士補修教育システムの確立 保育士の処遇改善
安全な保育環境及び体系的で多様なプログラムの提供 • 保育課程の充実化 • 児童中心の保育環境構成	標準保育課程の開発及び普及 物理的・人的保育環境の改善 便利で多様な保育サービスの提供
便利で効率的な保育行政・支援システムの構築 • 保育行政業務の専門化 • 充実した保育の質の管理システムの導入	保育専門公務員配置の義務化 保育行政業務の標準化及びデジタル化 保育情報センター設置の義務化 保育行政及び支援システムの整備

出所:保健福祉部 (2001)『保育事業中長期総合発展計画』から筆者作成。

ビスを利用できるようにするために,質の高い公保育の基盤構築,安全な保育環境及び体系的で多様なプログラムの提供など,4つの政策目標とより詳細な政策課題を掲げた(図表1-1参照)。具体的には,2001年当時47.2%であった保育需要充足率と7.2%に過ぎなかった障害児無償保育率を9年後の2010年までに100%に引き上げることと,国公立保育施設を2001年当時の1,295ヶ所から9年後の2010年までに4,413ヶ所へと4倍近く増やすことを目標として掲げた。特に不足していた0〜2歳児保育,放課後保育など特殊保育施設を拡充するために,当時それぞれ17ヶ所と26ヶ所に過ぎなかった国公立乳児保育施設・放課後保育施設を2010年までにそれぞれ517ヶ所,605ヶ所に増加させるという目標

図表 1-2　金大中政権「保育事業中長期総合発展計画」政策指標

主要指標	拡充目標	
	2001年	2010年
保育需要充足率	47.2%	100%
保育サービス利用児童数	70万2,860人	134万2,067人
政府の保育財政分担比率	27.6%	40.0%
政府の保育財政分担金（ウォン）	3,600億	1兆4,000億
国公立保育施設利用児童比率	13.0%	40.0%
国公立保育施設利用児童数	10万6,234人	40万9,004人
国公立保育施設数	1,295ヶ所	4,413ヶ所
その他の低所得層児童保育料支援率（第2支援階層）	40.0%	60.0%
保育料支援対象児童数	161万4,000人	316万2,000人
国公立乳児専門保育施設数	17ヶ所	517ヶ所
障害児無償保育率	7.2%	100%（2005年）
無償保育対象障害児童数	468人	6,500人
国公立放課後専門保育施設数	26ヶ所	605ヶ所

出所：保健福祉部（2001）『保育事業中長期総合発展計画』から筆者作成。

を掲げた（図表1-2参照）。

　その後，2002年3月6日には，保健福祉部・労働部・女性部が保育事業中長期総合発展計画に盛り込まれている課題のうち，優先順位が高く，早急に実現すべき課題に焦点を当てた「保育事業活性化方案」を発表した。

　同方案には，家庭保育母制度を導入し，乳児専門保育施設の設置基準を緩和することで5人未満の小規模保育施設を増やす一方，時間延長型特殊保育施設に対する支援を拡大することなどが盛り込まれていた（『聯合ニュース』2002年3月7日）。また，保育サービス需給実態調査は保健福祉部・女性部・企画予算処の協力の下で行われた。それだけでなく，保育情報ネットワークの構築や保育専門公務員の配置には行政自治部が協力する予定であったため（『毎日経済』2002年3月6日），同方案は省庁間の協力と予算を確保することができるようになったという点から大きな意義があった。

しかし，実際には，計画が期待通り進むことはなく，特に，民間保育施設の「保育料上限撤廃」といった発想は，保育サービスを市場機能に任せることで，子どもたちの間に保育格差を招きかねないとの懸念から激しい論争を引き起こした。

2　「選別的」保育から「普遍的」保育へ

　1991年に制定された嬰幼児保育法により，韓国の保育政策は急速な量的拡大を遂げただけでなく，長い間，親の責任とされてきた子どもの養育問題が，国や社会の責任でもあるという認識が広まった。しかし，親の保護を欠いている場合に限って国が介入することを目的とする同法に基づいた保育政策は，制限的かつ選別的な性格を持っていた[1]。また，受益者負担を原則としているという点からも，保育に対する社会的責任という意識は薄かった。その結果，民間保育施設を中心に拡充がなされたことは当然の帰結といえよう。2003年当時，全体保育施設の93％が民間保育施設であったにもかかわらず，民間保育施設の質の管理や監督が適切に行われていなかったため，保育サービスの質に対する批判は後を絶たなかった（イ・オク 2004：22）。このような背景から，保育サービスの質の向上をめぐって様々な議論がなされた結果，2004年1月29日嬰幼児保育法が全面改正され，翌年1月30日から施行されることになった。

嬰幼児保育法の全面改正

保育の普遍性・公共性強化　改正された嬰幼児保育法の最も大きな特徴は，保育の基本的な方向として普遍性を指向したことである。改正前，「保護者が勤労又は疾病その他の事情により保護することが困難な乳児及び幼児」のみを対象としていた同法は，改正後，全ての「乳幼児」へと対象を拡大

することで，普遍的な保育サービスを目指したのである⁽²⁾。それだけでなく，保護者が保育費用を負担しなければならないという受益者負担の原則を削除し，保育料支援対象を国民基礎生活保障法による受給者と「貧困層の子ども」から「一定所得以下の世帯の子ども」へと拡大することで，より多くの子どもに保育料を支援できる法的根拠が整った⁽³⁾（イ・オク 2004：25）。そこで，保育関係予算の大半は，世帯所得に応じて保育料を支援する「差等保育料」に使われ，その基準が所得下位30％から50％，さらに70％へと緩和されることで，徐々に対象者が増えた（キム・スジョン 2015：79）。

　一方，公共保育施設が保育施設全体に占める割合は保育の公共性を示す指標といえる。それは1992年25.4％，1995年21.5％，2000年17.1％へと一貫して低下しており，公共保育施設を利用する子どもの割合も，1992年に65.5％，1995年に53.1％，2000年には37.6％へと低下した（保健福祉部 2001：10）。公共保育施設のうち，国公立保育施設だけを見ると，その割合は2001年時点で13.9％に過ぎなかった。そこで，その割合を2010年までに40％へと引き上げるという計画が提案された（保健福祉部 2001：25）。しかし，『保育統計』によると，その割合は2004年には11.5％へとさらに低下していた（保健福祉部『保育統計』2008年度版から筆者計算）。

　その背景として，国公立保育施設を拡充するためには，莫大な予算が必要であるだけでなく，保育施設の大半を占める民間保育施設が国公立保育施設の拡充に強く反対していたことを指摘することができる。そのため，政府は既に存在している民間保育施設という供給システムを前提に，誰もが利用できる普遍的な制度を設計することにしたのである（キム・スジョン 2015：79）。

　政府は，公共性を確保するもう1つの方法として，保育政策における国や自治体の責任を強化しようとした。そのため，保健福祉部長官とともに市道知事又は市長・郡守・区長にも管理・監督の権限及び責任が与えられた⁽⁴⁾。また，第

4条に「市長・郡守・区長は，乳幼児の保育のために適正な保育施設を確保しなければならない」という条項を付け加えることで，保育施設を確保する責任が自治体にあるということを明らかにした。また，国公立保育施設の設置において，国または自治体は，国公立保育施設を設置・運営「することができる」から「しなければならない」へと変更した。費用の補助などについては，国及び自治体は，保育施設の設置及び運営にかかる費用を補助「することができる」から「する」へと変更することで，その責任を明確にした。

保育サービスの質の向上　全面改正された嬰幼児保育法には，科学的根拠に基づき，保育政策を策定するための条項が新たに付け加えられた。まず，保育の専門性を高めるために，保育に関する研究や情報の提供，プログラム及び教材の開発などの業務を行うための研究機関である「保育開発院」を設置するか又は当該業務を他の研究機関などに委託できるようにした。また，供給者及び利用者の意見を反映するための方策として各種委員会を設置し，関係省庁の公務員や専門家，保育施設の従事者，保護者の代表など関係者らの意見を調整できるようにした。

さらに，同法の適切な運用のために，5年ごとに「保育実態調査」を行うことにしただけでなく，「その結果に基づき，保育施設の需給計画などを含む保育計画を策定・施行しなければならない」と明記することで，保育施設の地域的均衡を図るとともに，各種保育事業に地域住民の要求が反映できるようにした。また，保育の専門性を高めるためには，保育士の資格取得要件が厳格化され，保育関連科目の履修が義務付けられた。保健福祉部が所管する国家資格制度が導入されただけでなく，保育施設の従事者の資質を向上させることを目的とする「教育訓練」を「補修教育」へと変更し，大学または専門機関に委託して実施できるようにした。

2016年現在，福祉をめぐる政治において最も大きな争点となっている3〜5

歳児共通保育・幼児教育「ヌリ課程」導入の土台となったのが第29条（保育課程）に定められている規定である。それは，乳幼児が調和の取れた社会の構成員として成長していくために必要な身体的・情緒的・言語的・認知的発達を図るための計画が盛り込まれている「標準保育課程」を開発し，普及することを企図していた。

　一方，保育サービスの質を高めるための措置として，保育施設に対する規制が厳格化され，「申告制」であった国公立以外の保育施設の設置が「認可制」になった。1991年嬰幼児保育法の制定当時は，職場及び民間保育施設を設置するためには認可が必要であったが，政府が保育施設の量的拡大を図るために規制を緩和していく中で，1997年に申告制へと変わった。しかし，そのような措置は民間保育施設の供給過剰と保育の質の低下問題を引き起こしたため，申告制は再び認可制に戻った。1991年嬰乳児保育法の制定当時から申告によって自由に設置できた家庭保育施設も今回の全面改正によって認可制になった。

　さらに，保育サービスの質を高めるために，保育施設に対して「評価認証」を行うことができるという条項が新たに設けられたが，評価認証の結果に基づき，保育事業の実施に必要な支援を行うことによって，保育施設の自発的な参加が誘導できるとされた。このような工夫は，民間保育施設が占める割合が高く，それに対する行政コントロールが及ばない国において，保育サービスの質を管理するために最も効果的なものであると評価されている（ソ・ムンヒ 2004：98）。

育児支援政策の一環としての保育政策

　2003年2月25日に就任した盧武鉉大統領の保育政策は，「産むだけで結構です，盧武鉉が育てて差し上げます」という大統領選挙公約に象徴される。盧武鉉政権は，発足直後から包括的な育児支援政策という大きな枠組みの中で保育

政策を構想し，歴代政権の中で最も積極的に保育政策を発展させた。その結果，社会支出全体に占める保育関係支出の割合は，2005年から飛躍的に増加することになった。

　盧武鉉大統領は，特に，「少子高齢化への対応」を国の主要課題としていたため，大統領諮問機関として「高齢化及び未来社会委員会」を発足させ，少子高齢化に対応するための国家戦略の立案を担わせた。代表的な成果が2004年6月に発表された「第一次育児支援政策」と2005年5月に発表される予定であった「第二次育児支援政策」である。さらに，2006年6月には，保健福祉部の少子高齢社会政策本部が第一次少子高齢社会基本計画である「低出産高齢社会基本計画（セロマジプラン2010）」を，同年7月には，女性家族部が韓国初の中長期保育政策である「第一次中長期保育計画（セサクプラン）」を発表し，保育政策に普遍性を取り入れた。

第一次育児支援政策　2004年6月，高齢化及び未来社会委員会が打ち出した「第一次育児支援政策」は，「未来人材の育成と女性の労働力参加拡大」をビジョンとして掲げ，出産力向上とともに優秀な児童の育成，育児費用の軽減，女性の就業率向上，雇用創出を目標とした（大統領諮問政策企画委員会 2008：41）。具体的には，保育や幼児教育の質を高め，2004年当時年齢別に14〜60％であった保育施設等利用率を4年後の2008年までに40〜90％へと引き上げることを目標とした。

　また，保育料を世帯の所得水準に応じて支援し，「放課後学校」を拡大することで，親が負担しなければならない子どもの養育費を当時の50％程度にまで引き下げようとした。一方，働く母親に有利な育児環境を整えることで女性の労働力率を当時の約50％から60％に引き上げるために，午前中に学校が終わってから午後の間ケアが必要な小学校低学年の子どもも保育対象とした（大統領諮問政策企画委員会 2008：41）。

第1章　保育政策の変容

　「第一次育児支援政策」は，供給者ではなく利用者を中心に策定されているのが最も大きな特徴である。具体的に，利用者である子ども（保護者）の便宜を図るために，それまでは複数の省庁に散在していたため一貫性に欠けていた保健・保育・幼児教育・放課後保育などの育児支援に関係する業務を育児支援政策という大きな枠組みの中で統合した（ペク・ソンヒ　2009：113）。

　また，育児支援の行政及び供給システムを整備するために，国務総理所属の幼児教育・保育委員会及び保育政策調整委員会を統合することで，一元的に育児支援政策に関する主要事項を審議・調整できるようにした。それだけでなく，韓国女性開発院，韓国教育開発院，保健社会研究院などが行っていた幼児教育や保育に関する研究を総括する育児政策開発センター（現・育児政策研究所）が新たに設置された（大統領諮問政策企画委員会　2008：45-46）。

第二次育児支援政策　盧武鉉政権が発足してから意欲的に育児支援がなされてきたにもかかわらず，保育施設等利用率の都市部と農村部の地域間格差は解消されなかった。また，0〜2歳児のための保育施設が極端に不足していたため，2005年当時，63.9％であった3〜5歳児の保育施設等利用率に対して，0〜2歳児の保育施設等利用率は，17.8％に過ぎなかった（大統領諮問政策企画委員会　2008：48）。さらに，保育関係予算が飛躍的に増加し続けてきたにもかかわらず，保育サービスの質に対する満足度は低い水準で推移した。そこで，2005年5月，「第一次育児支援政策」を補完して，保育施設へのアクセシビリティ向上や育児に伴う家計負担の軽減，保育サービスの質の向上を目指す「第二次育児支援政策」が策定されたが，多額の予算確保が問題となって公式には発表されなかった（大統領諮問政策企画委員会　2008：47）。

　保育施設等利用率における地域間格差を解消するために，保育施設の需要と供給について市・郡・区単位で調査を行い，その結果に基づいて保育施設の拡充計画を立てることにした。また，少子化の進行により増え続けている小学校

の遊休教室を0～5歳児のための併設幼稚園や保育施設などとして活用することにした。小学校低学年の子どもの育児支援のため，放課後教室を2006年には全国の小学校の13％（698校），2008年には50％（2,698校）に拡大するという計画も盛り込まれた（大統領諮問政策企画委員会 2008：48-49）。

　一方，保育料が現実を反映せず，低く設定されていたため，政府の支援がない民間保育施設の保育サービスの質は低下せざるをえなかった。さらに，政府が支援している国公立保育施設の安価な保育料と政府の支援がない民間保育施設の比較的高い保育料との格差を解消するために，良質の保育サービスを提供するために必要な「標準保育費用」を算出した。

　しかし，標準保育費用はそれまで支払っていた保育料より高かったため，標準保育費用を全額支払う場合でも親の負担が増えないようにするために，差額を「サービス改善費用」という名目で民間保育施設に支援することにした（大統領諮問政策企画委員会 2008：49-50）。このような民間保育施設への補助金支援は，その後，「基本補助金制度」として定着した（ペク・ソンヒ 2009：114）。

1.08ショックと少子化対策としての保育政策

　1990年代半ば以降，低下し続けていた韓国の特殊合計出生率は，2005年1.08という史上最低値に落ち込み，韓国社会に大きな衝撃を与えた。政府は少子化の原因として，所得と雇用の不安定，不十分な育児支援による仕事と家庭の両立困難などを指摘し，解決策として保育政策に対する本格的な財政投入を始めた（チャン・ハジン／イ・オク／ペク・ソンヒ 2015：117）。

　一方，「少子化問題」が福祉をめぐる政治における新たな争点として登場することで，低所得世帯や共働き世帯の子どもに対する支援が中心となっていた保育政策は，全ての子どものための普遍的な保育政策へと方向転換することになる。そのため，盧武鉉政権の発足とともに，「女性の労働力化」という視点

から行われてきた保育政策は，出産奨励のための政策へとその性格を大きく変えた。他方，少子化問題が養育費用負担の問題へと単純化されることで，保育施設への投資ではなく，保育料支援を中心とした保育政策が展開されることになった（キム・スジョン 2015：79）。

第一次低出産高齢社会基本計画（セロマジプラン 2010） 世界最低レベルの出生率と世界最速ともいえるスピードで進んでいる高齢化により，韓国における社会保障制度の持続可能性に関する懸念が広がった。他方，親が負担しなければならない養育費用は増加しているにもかかわらず，信頼して預けられる保育施設は不足しているだけでなく，妊娠や出産に対する社会的支援も不十分であった。また，女性の労働力参加は増えているものの，それを支援するジェンダー平等な文化は定着していなかった（大統領諮問政策企画委員会 2008：63）。

このような背景から，低出産高齢社会委員会は2006年7月，出産や育児のための社会的責任を強化し，ジェンダー平等な社会文化を作ることで，出生率を回復することを目標とする「第一次低出産高齢社会基本計画（セロマジプラン2010）」を発表した。同計画は，今後5年間で約32兆ウォンを投入して，2020年までに OECD 諸国の平均出生率1.6に回復させるというものであった（山中 2008：36）。

まず，育児に対する社会的責任を強化するための方策として，保育料支援を中間層にまで拡大する一方，放課後学校を運営する学校を増やすことで，親の教育費負担を軽減しようとした。また，質の高い育児インフラを構築するために，国公立保育施設を中長期的に保育施設利用児童の30％水準にまで拡充するという目標が掲げられた。乳幼児のための統合的な育児支援施設を設置・支援し，職場保育施設の拡充のために設置費及び運営費を支援する一方，民間保育施設のサービス改善のために補助金を支給することにした。さらに，利用者の

様々なニーズに合わせた育児支援サービスを提供するために,「時間延長型保育サービス」及び「時間制保育サービス」への支援を拡大し,全日制を運営する幼稚園を2005年の62.5％から2010年には100％（全ての幼稚園）にまで拡大することにした（大統領諮問政策企画委員会 2008：64-65）。

ジェンダー平等な社会文化を作るためには,産前産後休暇給与などの支援を拡大する一方,育児休業の要件を1歳から3歳未満の子どもを持つ親に緩和し,育児休業中の給料も40万ウォンから50万ウォンに引き上げた。育児期間中労働時間の短縮を希望する労働者のために「育児期労働時間短縮制度」を導入する一方,非正規雇用労働者のための「出産後継続雇用支援助成金」,キャリアを中断した女性のための「出産女性再就職奨励金」を新たに設けることで,出産や育児後,労働市場への復帰を支援した。しかし,国を挙げて推進されていた本計画の担当は,女性家族部（保育）,教育人的資源部（幼稚園全日制運営）,労働部（育児休業）などと,依然として複数の省庁に散在していた（大統領諮問政策企画委員会 2008：65-66）。

第一次中長期保育計画（セサクプラン） 2004年6月,保育業務が保健福祉部から女性部（のち,女性家族部）へ移管されてから,保育関係予算は毎年2,000億ウォン以上増え続けた。そのため,嬰幼児保育法が制定された1991年に比べて,2005年当時,保育施設の数は約15倍,保育施設を利用する子どもの数は20倍以上に増加した。しかし,民間保育施設を中心に量的拡大がなされた結果,2005年当時,国公立及び法人保育施設など公共保育施設が保育施設全体に占める割合は14.0％に過ぎず,保育施設を利用している子どもの数も全体の30％にも及ばないなど,それまで様々な計画を通じて図られてきた公共保育施設の拡充は足踏み状態が続いた。

一方,保育施設の量的拡大にもかかわらず,選択における多様性やサービスレベルにおいて利用者が満足できる施設は依然として不足していた。保育施設

第1章 保育政策の変容

図表1-3 盧武鉉政権「第一次中長期保育計画：セサクプラン」政策目標及び政策課題

政策目標		推進課題
		保育の公共性強化 良質の保育サービスの提供
政策課題	公保育基盤助成	中長期需給計画による保育施設の拡充 国公立保育施設の拡充 基本補助金制度の導入
	親の育児負担軽減	保育費用の支援拡大 乳児保育の活性化 働く親に対する支援強化
	多様な保育サービスの提供	保育施設利用時間の多様化 障害児保育の活性化 農漁村保育サービスの拡大 放課後保育プログラムの活性化 包括的保育サービスなどの活性化
	子ども中心の保育環境助成	保育施設の環境改善 健康・栄養・安全管理の強化 保育人材の専門性向上及び処遇改善 標準保育課程の開発・普及
	保育サービス管理システム強化	保育施設の評価認証システムの構築 保育行政システムの構築 自治体による保育政策の活性化 地域社会参加及び施設運営透明性向上 保育事業推進関連インフラの拡充

出所：女性家族部（2006）『セサクプラン：第一次中長期保育計画（2006〜2010）』。

に子どもを預けている保護者の51.5%は，「サービスレベルが低い」と評価しており，「選択できる保育施設が不十分である」という意見も52.3%に達するなど（女性家族部 2006：6-7），保育政策が利用者の期待に応えていない状況で発表されたのが「第一次中長期保育計画」，いわゆるセサクプランであった。同計画は，保育の公共性強化と質の高い保育サービスの提供を政策目標として，5つの政策課題とそれに伴う詳しい課題を掲げた（図表1-3参照）。

figure 1-4　盧武鉉政権「第一次中長期保育計画:セサクプラン」政策指標

主 要 指 標		拡 充 目 標	
		2005年	2010年
保育費用の政府財政分担率		35.8%	60.0%
国公立保育施設数		1,352ヶ所	2,700ヶ所
保育施設利用児童数		99万人	125万人
保育料支援児童比率		41.1%	80.8%
保育施設従事者数		13万7,000人	18万人
民間施設保育費用/国公立施設保育費用		80%水準 (2006年)	100%水準
評価認証対象施設		1,000ヶ所 (予備実施)	全面実施 (毎年1万ヶ所)
乳幼児育児支援施設利用率	幼児	47.0%　68.6%	60.0%　87.8%
	乳児	21.1%	33.4%

出所:女性家族部(2006)『セサクプラン:第一次中長期保育計画(2006~2010)』。

　まず,保育の公共性を高めるための方策として,2005年当時11.3%に過ぎなかった国公立保育施設を利用する子どもの割合を30%に引き上げるという目標を達成するために,国公立保育施設を2005年当時1,352ヶ所から2010年2,700ヶ所へと倍増するとした(図表1-4参照)。実際には,民間保育施設からの反発と自治体の予算不足などで,目標は達成できなかったが,この時期に最も多くの国公立保育施設が拡充されたのもまた事実である(チャン・ハジン/イ・オク/ペク・ソンヒ 2015:121)。

　また,国公立及び法人保育施設と民間保育施設の間に存在する保育料の差額に対する親の負担を軽減するために,保育料の支援対象を中間層にまで拡大し,所得に応じて保育料を支援することにした。さらに,5歳児保育料の無償措置,子どもが多い世帯に対する保育料減免,障害児保育料の無償措置の支援対象を順次拡大していくことで,2010年には保育施設を利用する子どもの約81%に相当する100万人以上の子どもが保育料支援の恩恵を受けられるようになった

(大統領諮問政策企画委員会 2008：57-58)。

　未就学児を持つ親の41.3％が時間延長型保育の必要性に言及し，63.4％が時間制保育が必要であると答えるなど（女性家族部 2006：32），女性の労働力参加の増大によって時間延長型保育や一時的に子どもを預けられる時間制保育に対する需要は大きくなっていた。しかし，時間延長型保育施設は全体保育施設の4.7％に過ぎず，時間制保育もまた不十分な状態にあった。そのため，政府は毎年1,000人の時間延長型保育士の人件費を支援し，保育施設の一部を時間制保育施設に指定することで，保育施設の利用時間における多様化を図った。

　他方，障害児は無償保育の対象であるにもかかわらず，保育施設の利用率が14.8％程度と低かった。それは，保育施設配置の地域間格差によるものと考えられた。そこで，20人以上の障害児のみを保育する障害児専門保育施設を毎年10ヶ所ずつ増やし，障害児クラスを定員の20％以内で運営するか，障害児クラスを別途に編成せず障害児を3人以上統合保育する障害児統合保育施設も毎年指定を増やすことにした。

　また，農村部の子どもの44％が保育施設を利用していないのは，地理的特性から保育施設へのアクセスが悪いためであると把握された。そのため，小規模の国公立保育施設を農村部地域に優先的に配置し，小学校の使用されていない教室に幼稚園や保育施設を設置することで，アクセシビリティを高めようとした（女性家族部 2006：32-41)。

3　無償保育の実現

保育支援の「可視化」

保育バウチャー制度の導入　　長い間，韓国の保育政策は，利用者である子ども（保護者）ではなく，供給者である保育施設に政府が直接予算を支援

する形で行われてきた（キム・ヨンミョン/キム・ソンイ 2009：1）。保育政策の拡充という盧武鉉政権の基本的な原則は継承しつつ，利用者である子どもを中心とした保育政策への転換を強調した李明博政権は，2009年9月，政府が支援する保育料を保護者が直接アイサランカード（子どもを愛するという意味のクレジットカード）で決済することで便益を体感できる保育バウチャー制度を導入した。

保健福祉部は，保育バウチャー制度の導入背景として，保育需要が急増する中で，各保育施設は保育料の支給申請などという過度な行政負担を強いられているため，保育サービスの質の向上に取り組む余裕がない現状を指摘している（保健福祉部 2010：27）。要するに，保育バウチャー制度は，保育施設に集中していた行政負担を保護者1人ひとりに分担させるものであった。

政府から保育料支援を受けて保育施設を利用している全ての子どもを対象とするアイサランカードで決済できる項目としては，政府の保育料支援，5歳児・放課後・障害児保育料支援（無償措置），共働き世帯への保育料支援，そして，政府の保育料支援とは別に，自治体の予算による保育料支援などがある（保健福祉部 2010：3）。

他方，政府は保育施設を選択する権利をさらに拡大するために，「アイサラン保育ポータル」を立ち上げ，保育施設に関する情報を公開することにした（キム・ヨンミョン/キム・ソンイ 2009：12）。また，保育料を保育施設ではなく保護者に支援することで，保育施設と保護者の間にコミュニケーションが増え，保育施設への信頼が高まることも期待されていた（保健福祉部 2010：29）。しかし，保育に対する国の支援を保育施設の拡充ではなく保育料支援に集中していたため，国の役割を縮小させたという批判もある（キム・ジョンヘ 2008：70-71）。

第二次中長期保育計画（アイサランプラン）　2008年3月，政府組織法の改正により，保育業務が女性家族部から保健福祉家族部へ再び移管された。その後，保育政策の方向は，「保育サービスの質の向上」，「子どもと保護者とい

第1章　保育政策の変容

う需要者（利用者）中心の保育」へと転換される（イ・ミファ/ヨ・ジョンイル/オム・ジウォン　2013：34）。2009年4月，保健福祉家族部は，「保育を取り巻く環境が大きく変化している。その変化に対応するためには，保育に対する国の責任を強化し，需要者中心の保育政策に改編する必要がある」として，「第二次中長期保育計画（アイサランプラン）」を発表した。

　当時，政府が注目していたのは，韓国における女性の労働力率は高くなっているにもかかわらず，29～40歳の間は労働市場からの離脱が目立つ「M字カーブ」が解消されないという問題であった。政府は，出産や育児への負担がこの世代の女性の労働力参加を阻害していると判断した（保健福祉家族部・育児政策開発センター　2009：12）。このような背景から，安心して子どもを預けられる保育施設を拡充することなどを盛り込んだ政策課題が発表されたのである（保健福祉家族部・育児政策開発センター　2009：28）。

　これまで大きな成果がなかったにもかかわらず，盧武鉉政権に至るまで持続的に図られてきた国公立保育施設の拡充計画を李明博政権は完全に放棄する。それに代わって，民間保育施設の質を国公立保育施設レベルに向上させることと，国公立保育施設は脆弱地域を中心に設置することを代替案として掲げた（保健福祉家族部・育児政策開発センター　2009：7）。市場機能の活性化を通じて保育政策の充実を図ったといえよう。

　一方，保育施設を利用する上で，親の費用負担を軽減するために5歳児保育料の無償措置の支援対象を段階的に拡大した。また，親の養育負担を軽減する一方，保育料・幼児教育費支援を受けている世帯との公平性を確保するために，保育施設・幼稚園を利用していない子どもの保護者には「養育手当」を支給することにした（保健福祉家族部・育児政策開発センター　2009：35-36）（図表1-5参照）。

49

図表1-5　李明博政権「第二次中長期保育計画：アイサランプラン」政策目標及び政策課題

政策目標		推進課題
政策目標		乳幼児中心 国家責任制の保育 信頼構築
政策課題	親の費用負担緩和	保育施設利用時：保育料全額支援を拡大 保育施設を利用しない時：養育手当を支援
政策課題	利用者に合わせた支援	多文化・障害児など子どもの個別の特性を考慮 共働き・ひとり親・障害を持つ親など保護者の特性を考慮
政策課題	保育施設の質の向上及び均衡配置	家の近くで安心して預けられる施設を拡充 良質のプログラムと安全で快適な保育環境を提供
政策課題	保育人材の専門性向上	自身が持てるように資格を管理し，処遇改善 保育にのみ専念できるような勤務環境
政策課題	伝達システムの効率化	親は保育サービスを迅速かつ簡単に利用 保育施設と自治体は簡単な行政処理
政策課題	保育事業支援システムの構築	保育政策の根拠となる政策研究の強化 親の政策・施設への参加活性化

出所：保健福祉家族部（2009）『アイサランプラン2009～2012』。

0～5歳児無償保育の実現

ヌリ課程の導入
（5歳児共通課程）　保育料・幼児教育費の家計負担が少子化を深刻化させている要因として指摘されてから，国の保育料・幼児教育費支援への関心が高まる。他方，乳幼児期の発達は，生涯にわたって個人の学習態度や能力などに大きく影響するという研究結果が明らかになってから，保育・幼児教育に対する国の投資は国際的な流れになっていた。具体的に，最近OECD加盟国は，保育・幼児教育の公共性を高めるために，2～5歳児の保育・幼児教育の無償化を拡大しつつある（教育科学技術部・保健福祉部 2012：6-7）。

一方，韓国において5歳児に対する無償保育・幼児教育は，1997年以降嬰幼児保育法と幼児教育法に明文化されていた。しかし，2011年までは，保育料・

幼児教育費の一部だけが所得下位70％以下に限って支援されることで，無償保育・幼児教育という政策の効果は限定的なものであった（教育科学技術部・保健福祉部 2012：6）。

　このような背景から，2011年5月2日，韓国政府は，2012年3月から全ての5歳児の保育・幼児教育に対する国の責任を強化する「5歳児共通課程（ヌリ課程）」を導入・施行することを発表した。過去15年間先送りにされてきた就学前1年間の保育・幼児教育を国が支援することで，義務教育期間を小学校と中学校の9年から事実上10年に拡大し，誰もが平等なスタートラインに立つことを保障するきっかけとなったのである（教育科学技術部・保健福祉部 2012：7）。

　ヌリ課程は，保育施設と幼稚園に二元化されていた保育・幼児教育課程を統合して作った新しい共通課程であり（ペク・ソンヒ 2015：319），基本的な運動能力・コミュニケーション能力・社会性・創造性・探求力などを養うという5つの目標を持つ（教育科学技術部・保健福祉部 2012：18）。

　教育科学技術部が管轄する幼稚園と保健福祉部管轄の保育施設という構造はそのまま維持しつつ，これまで国費と地方費で負担してきた5歳児の保育費用を2012年からは地方教育庁が教育機関及び教育行政機関を設置・経営するために必要な財源を国家が内国税総額の20.27％で交付する「地方教育財政交付金（交付金）」で負担することにした。

　その結果，交付金から支出しなければならない予算は4倍に増加した。具体的に，幼稚園を利用している5歳児への幼児教育費の支援が2,586億ウォンから5,392億ウォンへ増加しただけでなく，これまで支出しなかった保育施設を利用している5歳児への保育料支援のために新たに5,996億ウォン支出することで，その総額は1兆1,388億ウォンにもなる見通しとなったのである（ペク・ソンヒ 2015：320）。

0〜2歳児無償保育と養育手当　2011年11月，李柱榮（イ・ジュヨン）ハンナラ党政策委員会議長は，2014年までに0〜2歳児に対する保育料と養育手当の対象を全ての世帯へと拡大するという計画案を発表した（ペク・ソンヒ 2015：309）。同年12月31日の夜，国会では，1兆8,647億ウォンの関係予算が可決されることで，子どもを保育施設に預ける場合，0歳は月々39万4,000ウォン，1歳34万7,000ウォン，2歳28万6,000ウォンが2012年3月から保育施設に支給され始めた（『韓国日報』2012年1月1日）。

他方，李明博政権は，2009年から保育施設を利用していない子どもの保護者に養育手当を支援してきた。当時，政府は，「0〜2歳児は家庭で養育した方が望ましい」という立場を取っていたが，保育施設を利用するか自宅で養育するかは，親の選択が最大限尊重されるべきであると考え，養育手当を導入したのである。養育手当は，保育施設を利用しないことに対する一種の代償的給付となった。

当時，保健福祉部は，共働き世帯でも特別な場合を除けば，生後24ヶ月未満の赤ちゃんを保育施設に預けようとする親は少ないだろうと予測していた。しかし，保育施設を利用する場合の支援費用と利用しない場合に支給される養育手当との支援額の差が最大3倍以上に達することから，「子どもを預けないと損」という認識が広まった。その結果，0〜2歳児の保育施設等利用率は跳ね上がり，皮肉にも，多くの働く母親が近くの保育施設に子どもを預けられず，遠くの保育施設を利用せざるをえないという問題が発生した（『京響新聞』2012年7月4日）。

ヌリ課程の拡大（3〜5歳児共通課程）　政府は，2012年1月18日に開かれた第三次危機管理対策会議で，保育・幼児教育に対する国の責任を強化することで一致し，2012年3月に導入した「5歳児共通課程（ヌリ課程）」に続き，2013年からは3〜4歳児まで対象を拡大する「3〜4歳児共通課程」を導入す

るという計画を発表した（教育科学技術部・保健福祉部 2012：8）。

　5歳児共通課程の制定時と同様に，既存の保育・幼児教育課程を根幹として，3～4歳児共通課程を制定し，既に告示している5歳児共通課程の内容を修正・削除・追加している。例えば，5歳児共通課程規定の総論においては，構成方向・目的・領域別総括目標のみが提示されている。他方，3～5歳児共通課程規定の総論では，その他にも，編成・運営・教授学習方法及び評価内容を追加することで，国家レベルの共通課程としての形を整えようとした（教育科学技術部・保健福祉部 2012：11）。

　2012年当時，3～4歳の子どもに対しては，保育施設や幼稚園に子どもを預けている所得下位70％以下の世帯にのみ保育料・幼児教育費の一部が支給されていたが，2013年からは，所得とは関係なく保育料・幼児教育費が支給されることになった。1月当たりの支援金額も5歳児の場合と同様に毎年引き上げることにした。具体的に，2012年の場合，3歳19.7万ウォン，4歳17.7万ウォンから，2013年には3～4歳児ともに22万ウォン，2014年には24万ウォン，2015年には27万ウォン，2016年には30万ウォンへと引き上げられることになったのである（教育科学技術部・保健福祉部 2012：8）。

　このように，3～4歳児に対する支援が2013年から一気に拡大されたことで，地方教育庁が負担しなければならない3～5歳児共通課程のための負担分は2015年基準1兆3,713億ウォン（5歳児共通課程）から3兆836億ウォン（3～5歳児共通課程）へと2.2倍に増えた。そのため，3～5歳児共通課程にかかる膨大な財源をめぐって，政策決定を行った政府と予算を執行しなければならない自治体・教育庁との間になお激しい対立が続いた（ペク・ソンヒ 2015：321）。

注
(1) 嬰幼児保育法第1条（目的）この法律は，保護者が勤労又は疾病その他の事情に

より保護することが困難な乳児及び幼児を心身の保護と健全な教育を通じて健康な社会構成員として育成するとともに，保護者の経済的・社会的活動を円滑にすることで家庭福祉の増進に寄与することを目的とする。
(2) 〈改正後〉嬰幼児保育法第1条（目的）この法律は，乳幼児を心身の保護と健全な教育を通じて健康な社会構成員として育成するとともに，保護者の経済的・社会的活動を円滑にすることで，家庭福祉の増進に寄与することを目的とする。
(3) 嬰幼児保育法第21条（費用の負担）乳幼児の保育に必要な費用は，保護者が負担することを原則とする。ただし，国民基礎生活保障法による受給者と保健福祉部令が定める低所得層の子どもの保育に必要な費用は，国又は地方自治体がその全部又は一部を負担しなければならない。〈改正後〉嬰幼児保育法第34条（費用の負担）①国又は地方自治体は，国民基礎生活保障法による受給者と保健福祉部令が定める一定所得以下の世帯の子どもなどの保育に必要な費用の全部又は一部を負担しなければならない。
(4) 嬰幼児保育法第41条・第42条・第44条。
(5) 〈改正後〉嬰幼児保育法第13条（国公立保育施設以外の保育施設の設置）①国公立保育施設以外の保育施設を設置・運営しようとする者は，市長・郡守・区長の認可を受けなければならない。認可を受けた事項のうち重要事項を変更しようとする場合もまた同じである。

第2章
革新政権の誕生

1　三金政治のボス・金大中

在野の政治家

　少年金大中は，大学には進学せず，商船会社に就職しなければならないほど貧しかった。ところが，彼は20代前半には既に自らの海運会社を設立し，木浦（モクポ）日報社を買収するなど，起業家として成功していた。政治にも興味があった彼は，政治家になることを決意し，1954年に行われた国会議員総選挙で木浦市の無所属候補として出馬したが落選し，その後上京した。2年後には民主党新派[1]に入党し，1958年と1960年の国会議員総選挙に出馬したが，いずれも敗北し，1963年の国会議員総選挙でようやく当選した。初当選した彼は，翌年，野党議員の逮捕同意案を5時間19分間の議事妨害（filibuster）で廃案に追い込み，一躍有名になった（『東亜日報』1964年4月21日）[2]。

　その後，金大中は有力な大統領候補となっていく。新民党の結党に参加した彼は，1970年に行われた予備選挙で，勝利が有力視されており，その後生涯にわたってライバルとなる，金泳三（キム・ヨンサム）候補を抜いて，新民党の大統領候補に選出された。翌年に行われた大統領選挙では，与党側の不正介入疑惑が濃厚であったにもかかわらず，53.2％の票を獲得した現職大統領・朴正熙

に対して，金大中は45.2％の得票に成功した。その差がわずか8ポイントに過ぎなかったことから危機感を覚えた朴正熙政権は，その後金大中の弾圧を始めた。

　1971年国会議員総選挙の選挙運動期間中，全国を遊説していた金大中は，交通事故に遭った。重傷を負い，足を引きずる体になるほどの大事故だった。当時は単純交通事故として処理されたが，後に金大中は，交通事故は朴正熙政権が自分を暗殺する試みであったと主張した（『東亜日報』1987年11月26日）。金大中率いる新民党は，同年の総選挙で朴正熙の長期政権という野心の実現を目指す改憲を阻止するために必要な69議席を大きく上回る89議席を確保した。その後，朴正熙政権は，金大中に対する弾圧を一層強めた。1973年には東京に滞在していた金大中を拉致し，殺害しようとした，いわゆる「金大中事件」が発生したのである。(3) 日韓関係の悪化を恐れたアメリカの介入によって救出された金大中は，その後，自宅軟禁に処された。

　さらに，朴正熙大統領の死後，実権を掌握していた全斗煥（チョン・ドゥファン）保安司令官は，学生や労働組合による騒擾事件を背後で操ったとして，金大中を緊急逮捕した。その後，金大中の逮捕，そして全斗煥のクーデターに抗議し，民主化を求める学生や市民を軍が武力で制圧する「光州（クァンジュ）事件」が起きた。この事件を受けて軍指導部は，金大中が北朝鮮の工作で「光州内乱」を画策し，背後から操っていたという内乱陰謀の疑いで金大中を軍事裁判にかけ，死刑を宣告した。しかし，アメリカのレーガン大統領やヨハネ・パウロ2世ローマ法王などを筆頭に世界中で救済運動が生まれ，こうした国際世論に押された全斗煥政権は，(4) 刑を無期懲役に，さらには懲役20年に減じた。その後，刑の執行停止を受けて釈放された金大中は，アメリカに亡命した。

　彼が亡命生活を送っている間，逮捕されていた野党政治家たちは次々と釈放された。彼らは，新韓民主党を結党し，1985年の国会議員総選挙において全斗煥政権に挑戦する決意を固めた。それに呼応して，金大中も彼らを支援するた

第2章 革新政権の誕生

めに帰国することを決めた。彼は，帰国直後に再び自宅に軟禁されてしまうが，それにもかかわらず，新韓民主党は，全276議席のうち67議席を確保することで，野党第一党の座を確保し，全斗煥政権に対して金大中の赦免復権を要求した。その結果，金大中は自宅軟禁からは解放された。しかし，赦免と復権は全斗煥政権の激しい反対で実現には至らなかった。そこで，金大中は政党に復帰する代わりに，金泳三とともに「民主化推進協議会」の共同議長に就任し，在野の民主化運動を展開することになった。

地域主義と三金政治

在野の民主化運動の主役である金大中と金泳三は，金鍾泌（キム・ジョンピル）とともに「三金」と呼ばれ，1970年代から「三金政治」を率いていた。「三金政治」とは，各地域を代表する大物政治家，金大中・金泳三・金鍾泌が時には協力し，時には対立しながら韓国政治を支配してきた現象を指す言葉である。このように，金大中は「地域主義」という根強い対立の中で登場した政治家であった。彼は朝鮮半島の南西部に位置する湖南（ホナム）地域出身で，今は北朝鮮の領土である黄海道（ファンヘド）出身の李承晩（イ・スンマン）初代大統領を別とすれば，他の歴代大統領は全て朝鮮半島の南東部に位置する嶺南地域出身であった（大西 2014：39）。

金大中は出身地である湖南地域での人気が非常に高く，有権者の票を独占していた。民主化以降実施された1987年と1992年の大統領選挙においては，湖南地域の有権者から90％以上という，民主的選挙では滅多に見られない圧倒的な支持を得たが，当選には至らなかった。地域主義は，彼の湖南地域での圧倒的な支持をもたらした反面，支持が全国化することを阻んだのである。

金大中を支持する湖南地域の人口は，多数派を形成するには足りなかった。戦後，湖南地域と嶺南地域の人口は，それぞれ510万人と630万人と，その比率

57

図表 2-1　第15代大統領選挙における地域別得票率　　　　　　　　(%)

	全体	首都圏				忠　清			嶺　南					湖　南			濟州
		ソウル	京畿	仁川	江原	大田	忠北	忠南	釜山	大邱	蔚山	慶北	慶南	光州	全北	全南	
金大中	40.3	44.9	39.3	38.5	23.8	45.0	37.4	48.3	15.3	12.5	15.4	13.7	11.0	97.3	92.3	94.6	40.6
李会昌	38.7	40.9	35.5	36.4	43.2	29.2	30.8	23.5	53.3	72.7	51.4	61.9	55.1	1.7	4.5	3.2	36.6
李仁済	19.2	12.8	23.6	23.0	30.9	24.1	29.4	26.1	29.8	13.1	26.7	21.8	31.3	0.7	2.1	1.4	20.5

出所：中央選挙管理委員会編（1998）『第15代大統領選挙総覧』から筆者作成。

図表 2-2　第15代大統領選挙における各候補別優勢地域

出所：韓国ウィキペディア。

は 1：1.2 程度の差に過ぎなかったが，1970年代になって嶺南地域を中心に工業化が本格的に進展すると，嶺南地域に労働力が流入し，湖南地域と嶺南地域の人口差は，650万人と1,000万人と大きく開いてしまった。2000年前後にはその差がさらに広がり，520万人と1,300万人と，2倍以上になってしまう。した

第2章　革新政権の誕生

金大中大統領候補の全北・群山市演説
金大中は出身地域である湖南地域の有権者から圧倒的な支持を得ていた。
出所：https://www.yna.co.kr/view/PYH20151026061100055?input=1196m

がって，湖南地域を支持基盤とする地域主義では，いくらそこで圧倒的な支持を得ても，全国的な戦いである大統領選挙では勝ち抜くことができなかった。

そこで，金大中は1997年，彼としては4回目の挑戦となる第15代大統領選挙に立候補する際には，自らが率いる湖南政党である新政治国民会議（国民会議）と忠清（チュンチョン）地域の自由民主連合（自民連）との連立を画策する。自民連の党首・金鍾泌と協議し，自らが連立の代表候補となることに成功したのである。こうして，第二の地域政党が第三の地域政党と組むことで，それまでの「嶺南対湖南」ではなく，「嶺南対非嶺南」の構図を作り出すことに成功した。その結果，湖南地域の光州97.3％・全北（チョンブク）92.3％・全南（チョンナム）94.6％という圧倒的な支持に加え，忠清地域からの支持獲得にも成功し，保守系の李会昌（イ・フェチャン）候補をわずか1.6ポイントの差でかわし，政権交代を果たした（図表2-1・図表2-2参照）。幾多の苦難を味わい，何度か死の危機にも直面した金大中が，ついに大韓民国の大統領になったのである。

2　アジア通貨危機と生産的福祉

アジア通貨危機

　金大中が大統領に当選した1997年の冬，韓国では朝鮮戦争以来最大の国難といわれた通貨危機が生じた。通貨危機の原因については様々な見解が存在するが，ここでは比較政治経済学的な視点から分析を行った岡部（2013）の研究を紹介する。

　岡部は，財閥が金融自由化により海外から短期資金を買い入れ，一層肥大化した結果，政府と財閥の関係が政府優位の関係から財閥優位の関係に変化したと指摘している。財閥の短期対外債務が急増する中，不良企業の倒産が国民経済に与える悪影響を恐れた政府は，暗黙の債務保証を継続せざるをえなくなっていた。しかし，結局支えきれず一部の財閥が破綻すると，短期資本が一斉に韓国から撤退したため，企業と銀行，政府が共倒れしたというのである（岡部 2013：91-92）。

　通貨危機に直撃された韓国政府は，1997年11月，国際通貨基金（IMF）に救済金融を要請し，同年12月，IMFと資金支援の覚書を締結した。IMFは支援と引き換えに，貿易・資本・金融のさらなる自由化と労働市場の柔軟化などの新自由主義的な経済改革を要求し，韓国政府はその要求を全面的に受け入れた（井上 2010：271）。IMFの要求に従って，整理解雇制や派遣労働制など経済改革を迅速に進めた結果，韓国におけるマクロな経済指標は次第に回復したが，通貨危機そのものやその解決策として進めた経済改革は韓国社会全般において深い傷痕を残した。

　まず，経済面では，失業率が上昇した。経済危機を克服するために政府が推進した整理解雇制の導入は，企業業績の悪化とともに大量の解雇につながった。

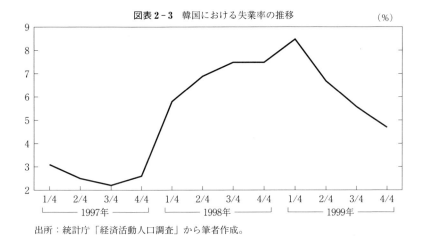

図表 2-3 韓国における失業率の推移 (%)

出所：統計庁「経済活動人口調査」から筆者作成。

　また，高金利政策は企業の資金繰りを困難にし，企業倒産が相次ぐと，失業者も急増した。その結果，通貨危機にさらされる前には 2 ％台であった失業率が，1998年第一四半期には5.8％，1999年第一四半期には8.5％にまで跳ね上がり，失業者数は史上最多の178万人にも及んだ（図表 2-3 参照）。それに伴い，相対的貧困率も1997年8.7％から1998年11.4％，1999年には12.2％へと急上昇しただけでなく，所得格差を示すジニ（GINI）係数も大きく悪化し，二極化が深刻化した（図表 2-4 参照）。

　このような不況の影響は，自殺率の急増や離婚などの家庭崩壊，出生率の低下，モラルハザードなどの社会問題に及んだ。さらに注目されるのは，経済危機が性別役割分業に大きな変化をもたらしたことである。稼得者である夫の失業は，いつでも中間層から貧困層に転落する可能性があるという危機意識を高め（山中 2008：34），既婚女性の労働力参加を促した。また，女性の労働力化の結果，中間層の共働きが一般化すると，「保育の社会化」を求める声が噴出し始めた。

図表2-4 韓国におけるジニ係数の推移

出所:統計庁「家計動向調査」から筆者作成。

生産的福祉

　未曾有の国家破綻の危機の最中に発足した金大中政権は、発足と同時に「市場経済」と「民主主義」の並行発展を経済的・政治的レベルの国政理念として掲げ、通貨危機の克服に全力を集中した。韓国政府がIMFの勧告する新自由主義的な経済改革の副作用を最小限に食い止めるために社会的セーフティネットの構築に乗り出したのは、金大中政権が成立してから1年余り経ってからである。金大統領は、1999年8月15日、日本からの独立を記念する光復節の祝辞で「中間層の育成と庶民生活の向上を目指して、人間開発を中心とした『生産的福祉』政策を積極的に繰り広げていく」ことを宣言した。

　このように、経済的・政治的レベルの国政理念が提示されてから1年以上が経って、社会的レベルの国政理念である生産的福祉が提示された背景には、1998年マイナスだった経済成長率が1999年には11.3％へと大幅に上昇したことから、景気回復が軌道に乗ったとの認識があった（図表2-5参照）。これで、社会保障に取り組む経済的余裕が生まれたのである。そして何よりも、多数派工作の結果、分割政府を克服し国会を掌握していた金大中政権だが、政権発足以来支持率が下落の一途をたどり（図表2-6参照）、2000年4月に行われる国

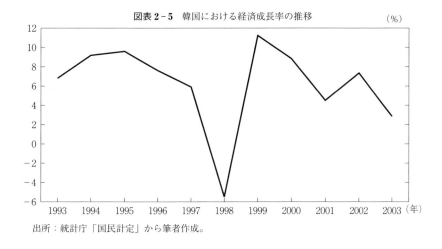

図表 2-5　韓国における経済成長率の推移

出所：統計庁「国民計定」から筆者作成。

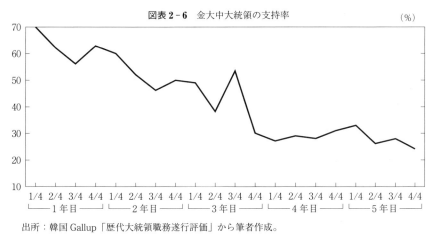

図表 2-6　金大中大統領の支持率

出所：韓国 Gallup「歴代大統領職務遂行評価」から筆者作成。

会議員総選挙に負け，再び分割政府に戻る可能性が高かったため，社会福祉の拡充を前面に打ち出すことで有権者の支持を動員する必要があった。

　韓国政府は，生産的福祉を「全ての国民が人間としての尊厳を守り，誇りを持つことができるように，基礎的な生活を保障するとともに，自立的・主体的

な経済・社会活動への参加機会を拡大し，分配の公平性を高めることで，構造的貧困を和らげ，生活の質を向上させる積極的社会政策」であると定義している（ペク・ソンヒ 2009：108）。それは自活支援策を進めながら成長と分配のバランスの取れた福祉国家に再編する計画であり，グローバル経済と福祉国家との融合を目指す韓国的な福祉国家モデルであった（山中 2008：32）。生産的福祉は，主に，全国民を対象とする社会保険の実現と国民の最低限の生活を保障するための公的扶助の確立として具体化された。

四大社会保険の適用範囲拡大

　まず，国民を高齢や失業など様々な社会的リスクから保護するために，社会連帯と社会統合という原則の下で社会保険の拡充が図られた。要するに，雇用保険・国民年金・医療保険・産業災害補償保険（産災保険）の四大社会保険の適用範囲が拡大されたのである。

　第一に，雇用保険は，失業者の生計を助けるための失業給付に加えて，職業訓練・雇用補助・雇用創出など，失業者を労働市場に復帰させるための「積極的労働市場政策（active labor market policy，ALMP）」としての性格をも持っており（大西 2014：107），生産的福祉の実現のためには欠かせない制度である。1995年に導入されてから1997年末まで雇用保険の適用範囲は，30人以上の事業所であった。しかし，1998年１月以降順次小規模な事業所にも適用され，10月までには全ての事業所が対象となっただけでなく，臨時職やパートタイマーも対象に含まれた（金淳和 2010：63）。

　第二に，老後所得保障の主要手段となる国民年金は，1986年の発足当初から，既に独自の年金制度を持っていた公務員・軍人・私立学校の教職員を除く全ての国民を対象とする普遍主義的な制度設計になっていた（大西 2014：65）。しかし，実際に加入できるのは，サラリーマンなど賃金労働者に限られており，

農漁村部の住民や都市部の自営業者などは，所得の把握が難しいという理由で対象から除外されていた。ところが，国民年金法が改正されることで，1995年には農漁村部の住民が，1999年には都市部の自営業者が適用対象に加わり，全国民をカバーする国民皆年金が実現した。

　第三に，従来の医療保険は，職域別・地域別にそれぞれの組合が運営されており，組合ごとに給付内容に差がある「階層性」の高い制度となっていた（大西 2014：63）。既に全国民を対象としていた医療保険は，1999年2月制定の国民健康保険法により，300余りの組合が「国民健康保険公団」に統合された。新しい法律に基づき，組合の間に存在していた格差を是正し，給付内容を均等にすることで，公平性は高まり，社会連帯という原則も強化された（金淳和 2010：66）。

　第四に，1963年に制定され，500人以上の事業所に適用されていた産災保険も2000年7月から全ての事業所に拡大されることで，四大社会保険を中心とする第一の社会的セーフティーネットがようやく整った。

公的扶助――基礎生活保障制度

　次に，第二の社会的セーフティーネットといわれる公的扶助は，1961年に制定された「生活保護法」から始まっている。ところが，同制度の対象は，一般的に就労が難しいとされる18歳以下及び65歳以上の国民に限られていたため，「働く能力がない者への支援」という救貧的な性格が強かった（大西 2014：62）。

　1999年8月，金大中政権は多くの失業者を生み出したアジア通貨危機を受けて，生活保護法を大幅に改善して「国民基礎生活保障法」を制定することで，労働能力喪失の有無や年齢とは関係なく，全ての国民に最低限の生活を保障しようとした。しかし，その過程が順調であったとは言い難い。同法案が国会に上程されると，関係省庁が様々な理由で一斉に反対の声を上げたのである。

まず，労働部は，職業訓練や就職斡旋など雇用対策に集中的に予算を投入すべきであるとして同法の制定に反対した。保健福祉部は，対象者を選別するための制度が整っていないという理由で，企画予算処は約2兆5,000億ウォンの追加財源が必要になるという点から難色を示した(5)。しかしこうした反対にもかかわらず，同法は，1999年8月12日に開かれた臨時国会の本会議で可決・成立され，その3日後の8月15日，金大統領によって生産的福祉の目玉政策として位置付けられたのである（中尾 2000：35）。

　同法は「権利としての生活保障」を確立するもので，「選別主義」から「普遍主義」へという福祉国家の方向転換を意味していた。しかし，「普遍主義」という方向性は，同法の施行令・施行規則を決める段階で度々裏返された。前述のように同法に対して不満を抱いていた関係省庁が，普遍主義を空洞化するような方向で行政立法を行ったのである。その結果，従来の生活保護の選定基準は所得と財産，扶養義務者の有無であったのが，かえって厳しくなり，不動産や住居，自動車の有無なども選定基準に追加された（大西 2014：72-73）。

　生産的福祉が最も強調していたのは「労働と福祉の連携」である。「労働と福祉の連携」は，完全雇用を目指す欧米の先進福祉国家が模索してきた福祉国家再編の中心となるものである。それは，失業者などに単なる福祉を提供するのではなく，福祉を通じて労働市場に復帰させることを意味し，結果的には，福祉負担の削減につながるという考え方である。しかしそのやり方は，国によって大きく異なっている（大西 2014：59）。

　アメリカやイギリスのように，個人の責任を重視する自由主義福祉レジームの国では，脱商品化の水準が低く抑えられていることが就労への圧力となる一方，就労支援サービスの規模が限定的であり，雇用機会も基本的に市場に委ねられている「ワークフェア（workfare）」的なアプローチを重視する。他方，スウェーデンなど北欧諸国のように，社会的連帯を重視する社会民主主義福祉レ

ジームの国では,脱商品化の水準は比較的高く,就労への見返りが高いことが就労への誘因となる一方,就労支援サービスは手厚く,完全雇用や就業率の向上が政府の責任とされる「アクティベーション(activation)」という考え方によって労働と福祉の連携が試みられている(宮本 2013:16-18)。

　生産的福祉が強調していた「労働と福祉の連携」が新自由主義的な「ワークフェア」と社会民主主義的な「アクティベーション」のどちらであったのかについては評価が分かれる。これは金大中政権で行われた社会保障改革が持つ性格をどう評価するかという論争ともかかわる。本書では,この論争に入り込むつもりはないが,国民基礎生活保障法の第9条第5項では,「勤労能力がある受給者に,自活に必要な事業に参加することを条件として,生計給与を実施することができる」としており,「ワークフェア」的な表現が見られるものの,同法の基本的な考え方は,社会民主主義的ともいえる普遍主義を目指しており,金大中政権がもっぱら新自由主義的な方向で社会保障改革を進めていたとは言い難い。

生産的福祉における保育政策の位置付け

　生産的福祉において,肝心の保育政策はどのように位置付けられていたのだろうか。まず,嬰乳児保育法を見てみよう。児童福祉法や男女雇用平等法,幼児教育振興法など様々な法律に基づいていた保育政策は,1991年に嬰乳児保育法が制定されることで統合された。同法の制定による保育の制度化は,保育を量的に拡大しただけでなく,保育が社会的責任であるという認識を韓国社会に広めた(イ・オク 2004:22)。

　しかし,同法第1条によると,保育は「保護者が労働または疾病,その他の事情により保護することが困難な乳幼児」を対象としている。また,同法は「保育に必要な費用は保護者が負担することを原則とする」という点から,保

育における国の責任は消極的なものにとどまっていた。そのため，同法が全面改正される2004年まで，保育政策は依然として制限的かつ選別主義的な性格を持っていた。

　金大中大統領は，女性労働力を活用するための戦略の一環として保育政策を考えていた。「経済危機を克服し，21世紀の情報化・知織化社会に対応する」ためには，女性労働力の活用が死活問題となっていたのである（『聯合ニュース』1998年9月30日）。「我々が解決すべき最も緊急な課題の1つは，女性の経済活動を妨げる保育問題である」という金大中大統領の発言から（『毎日経済』2002年1月30日），保育政策は働く女性の仕事と育児の両立を支援するための手段として考えられていたことがわかる。さらに，保育政策はより多くの女性を労働市場に参入させ，経済発展の原動力とすることを目的としていた。

　しかし，金大中政権において，保育政策の優先順位が劇的に上昇することはなかった。なぜならば，金大中政権は経済危機の中で深刻化していた貧困や失業など従来型の社会的リスクへの対応に迫られており，ケアの空白という新しい社会的リスクに対応する余裕がなかったためである。それゆえ，女性労働力を活用するためには保育政策の拡充が必要であるという認識はあったものの，それを具体化するには至らなかった。

3　ジェンダーをめぐる制度改革

　韓国史上初の革新政権は，一見矛盾する新自由主義的な経済改革と社会民主主義的ともいえる社会保障改革を同時に進めた。それだけでなく，それまで政治の場から排除されてきた女性の立場を強化するために，ジェンダーをめぐる制度改革にも乗り出した。それは金大中が女性団体の要求を受け入れることで，女性の権益増進に積極的に取り組んでいるリーダーであることを有権者に印象

第2章 革新政権の誕生

大統領候補の街頭演説に集まった女性有権者たち
民主化以降，女性の政治への関心が高まったことが新聞に取り上げられると，各政党は有権者の中で女性が占める重要性を認識することになった。
出所：https://newslibrary.naver.com/（東亜日報1987年11月28日版）

付け，女性の支持を動員するためであったといえよう。

　なぜ，金大中が女性からの支持を動員する必要があったのかを明らかにするためには，本章の第1節で説明した韓国政治における「地域主義」に再び言及しなければならない。彼は相対的に人口が少ない地域（湖南）を強力な支持基盤としていたため，第三の地域政党と組むことで念願の大統領という夢を叶えることはできたが，安定した政権運営のためにはさらなる支持基盤が必要であった。そこで目を付けたのが「女性」であった。(8)

　それまで女性は男性に比べて政治に対する関心が低く，政治に参加しない傾向があると考えられていた（Inglehart 1981：299-300）。例えば，韓国の大統領選挙において，女性有権者の投票率は1963年81.3％であり，88.9％であった男性より明らかに低かった（中央選挙管理委員会）。このような傾向は1987年に民

主化が宣言されるまで続いた。また，女性の多くは夫や父など男性の政治的見解に従って投票する傾向があると見られていた（Lazarsfeld, Berelson and Gaudet 1968：141）。それゆえ，政治家が女性有権者に支持を訴える誘因は乏しかったといえよう。しかし，民主化をきっかけに，投票率の性別格差が1％台に縮まり，有権者の中で女性が占める重要性が認識されると，女性の支持は政治家にとって重要な政治的資源となることが理解されるようになった。

　それ以外にも，民主化によって女性団体が無視できない存在となっていたことが挙げられる。彼女たちは，ジェンダー平等や女性の地位向上のための法律を成立させる上で目覚ましい活躍をしていたのである。例えば，1987年には「男女雇用平等法」の制定，1995年には「女性発展基本法」の制定を実現させた。また，男性中心主義の根幹を支えてきた「戸主制度」の廃止，離婚後女性の再婚を6ヶ月間禁止していた「家族法」の改正などを実現させることで，女性の法的な地位向上と男性中心の家父長制からの脱却に向けて著しい貢献を果たしてきた（山中 2008：37）。要するに，女性団体は，共通の利益を実現するために，相当な力を発揮できるほどに組織化されていたのである。

　こうした状況を鑑み，金大中政権は，地方議会や国会に女性クォータ制を導入することで，女性議員の数を増やした。それだけでなく，女性にかかわる政策を専門的に取り扱う省庁である女性部を発足させ，女性団体から多くのフェミニスト活動家を官僚として迎え入れた。金大中政権が行った一連の制度改革は，次の盧武鉉政権が保育政策を拡充する過程において重要な制度的礎となった。

女性クォータ制をめぐる議論

　女性クォータ制とは，政治代表における男女の不均衡を是正するために，候補者または議席の一定比率を女性に割り当てる制度である（三浦・衛藤 2014：

7)。韓国において，女性クォータ制をめぐる議論の始まりは，1990年代前半にまでさかのぼる。

1991年には，軍事クーデターで政権に就いた朴正煕大統領によって中断されて以来31年ぶりに地方選挙が復活した。「女性クォータ制」が議論され始めたのは，再開された地方選挙に比例代表制を導入し，比例議席の半分を女性に割り当てる案が女性団体によって提案されたことが発端であった。

女性団体は，地方議会が環境や教育，福祉など，身近な生活の問題を取り扱っていることから，女性が力を発揮できる政治の場であると考えた。また，地方議会は，長く政治の領域から疎外されてきた女性が，将来的には国会へと活躍の舞台を広げていくための踏み台になると期待された（『聯合ニュース』1990年12月19日）。そこで，女性団体は，比例代表制と女性クォータ制の組み合わせが，女性を地方議会に送り出すために最も有効な制度である点で一致し，声明や公聴会，セミナーなどを通じて制度の導入を訴えたが（『聯合ニュース』1990年1月18日），当時すぐには実現に至らなかった。

しかし，その後，国会議員総選挙や大統領選挙を控えて，女性クォータ制に関する議論は，地方議会から国会へと拡大していく。1992年12月，民主党の金大中候補は，第14代大統領選挙に臨み「国会議員総選挙において，比例議席の3分の1を女性に割り当てる方向に関連法案を改正する」という公約を打ち出した（『聯合ニュース』1992年7月6日）。しかし，金大中は落選し，民自党の金泳三が大統領になると，今度は野党・民主党の女性委員会を中心に女性クォータ制に関する議論が進んでいく。

1993年11月1日，民主党の女性委員会は女性団体と連携し，「女性の国会進出を拡大するために，比例議席の一定比率を女性に割り当てる女性クォータ制の採択を要求する」建議書を党の最高委員会に提出した（『聯合ニュース』1993年11月1日）。これを受けて，民主党は，比例議席の2割を女性に割り当てると

いう規定を盛り込んだ政治関係法（公職選挙法・政党法・政治資金法）改正案を策定し，国会での成立を目指した（『聯合ニュース』1993年11月22日）。こうして，民主党はクォータ制の規定を法律により全政党に適用する「法律型クォータ制（legal quota）」の導入を目指していた（Dahlerup 2006：19-21；三浦・衛藤 2014：18）。

　その一方で，1994年1月，民自党は，政党がクォータを自発的に党憲や党規に明記する「政党型クォータ制（voluntary party quota）」の導入を試みた（『聯合ニュース』1994年1月3日）。ところが，わずか1ヶ月後の2月23日に，民自党の金鍾泌代表は，女聯や女性有権者連盟など女性団体の女性クォータ制導入の要求に対して，「選挙法や党憲に（比例議席の）一定割合を女性に割り当てることを明文化することはできない」とし，しかしながら「比例代表制がある限り，できるだけ多くの女性を迎え入れるように努力する」と立場を後退させた（『聯合ニュース』1994年2月23日）。民自党は伝統的な保守政党であったため，「女性クォータ制は憲法の平等原則に反する」とする党内の大多数の男性議員の反対を乗り越えることができなかったのである。

　結局，民主党が推進していた女性クォータ制の導入は民自党の反対で挫折した。その後，女性団体から繰り返し要求がなされたにもかかわらず，金泳三政権で女性クォータ制が導入されることはなかった。

導入までの道程

　第15代大統領選挙を控えて，女性クォータ制に関する議論は再び活発化する。具体的に，1997年4月には，女聯と韓国女性団体協議会（女協）をはじめとする70余りの女性団体が「クォータ制導入のための女性連帯（女性連帯）」を結成し，女性クォータ制や女性団体が提案する女性政策を各政党が公約として採択するよう促した。これを受けて，各党の有力な大統領候補全員が女性クォータ

制の導入を公約として掲げた。その後，金大中が大統領に当選すると，彼が比較的に革新的な女性観を有するだけでなく，妻である李姫鎬（イ・ヒホ）夫人もまた女性運動に深く関与した経歴を持つという点から，今度こそ女性クォータ制が導入されるという期待が高まった（『聯合ニュース』1997年12月19日）。

　女性団体は，金大中大統領の就任を歓迎しながらも，女性に関する公約を実現するよう釘を刺すことを忘れなかった。韓国女性有権者連盟は，同年6月に実施される地方選挙において，比例区候補の50％以上，選挙区候補の20〜30％を女性に割り当てるよう求めたのである（『聯合ニュース』1998年2月25日）。さらに，同年4月には，女性連帯が与党・国民会議と自民連，野党・ハンナラ党の代表とそれぞれ会談し，2ヶ月後に行われる地方選挙で，地方議会の比例区候補者の3分の2と選挙区候補者の30％を女性に割り当てる女性クォータ制を導入するよう促した。それだけでなく，有権者に対しても女性クォータ制の重要性を訴えるため，大々的に集会を開いた（『聯合ニュース』1998年4月27日）。

　しかし，法律的な裏付けのない各党の「女性の政治参加拡大」というスローガンは，全く効果を上げられなかった。1998年6月4日に行われた地方選挙における当選者計4,353人のうち，女性当選者は全体の1.6％に過ぎない70人であった。具体的に，広域団体長（都道府県知事）や基礎団体長（市町村長）は前回に続き1人も当選しなかった。さらに，広域議会議員は2.3％の14人，基礎議会議員は1.6％の56人のみが当選するにとどまった。そもそも女性候補者は全体の1.8％に過ぎない185人であったことを考えると，当然の結果であった。そこで，女性団体は，女性クォータ制を導入するという各党代表の宣言的な「確約」よりは実質的な「法改正」を求めることになる。

　これを受けて，与党・国民会議は「女性優遇，比例代表30％女性クォータ制は，我が党の基本方針である」として，法改正を必ず貫徹させる意思を表明した（『聯合ニュース』1999年6月29日）。第16代国会議員総選挙を2ヶ月後に控え

ていた2000年2月8日，国民会議から党名を変えた新千年民主党（民主党）の女性運動家出身の申樂均（シン・ナクギュン）議員など48人は，「国会議員と地方議会議員選挙ともに，比例区候補者のうち女性を30％以上推薦しなければならない」という内容が盛り込まれた政党法中改正案中修正案を提出し，成立させることで，女性クォータ制はやっと実現した。

　しかし，罰則規定はなかったため，実際にはクォータ制を遵守しなかった政党の方が多かった。具体的に，第16代国会議員総選挙で女性クォータ制を遵守して30％の女性候補者を公認した政党は民主党のみであって，自民連やハンナラ党などは，規定を守らなかった（『韓国経済』2000年4月14日）。にもかかわらず，大韓民国国会における女性議員の割合は，第16代国会において史上最高の5.9％（第15代国会3.0％）を記録した。

　一方，2001年11月30日には，民主党の朴相千（パク・サンチョン）議員など95人が政党法中改正法律案を提出する。改正案には「選挙区の候補者を推薦するにあたって，女性が30％以上含まれるように努力しなければならない」という内容などが盛り込まれていた。さらに，2001年12月17日には，民主党の金槿泰（キム・グンテ）議員やハンナラ党の呉世勲（オ・セフン）議員など25人の与野党議員が「比例区の候補者のうち女性を従来の30％から50％に増やした上で男女候補者の順番を交互配置する」という内容が盛り込まれた改正案を提出した。

　これを踏まえて，民主党は，女性クォータ制を遵守する政党には，追加的に国庫補助金を支給し，特に，選挙区の候補者のうち女性を30％以上公認した政党を優遇する案をまとめた（『聯合ニュース』2002年1月11日）。2002年2月28日，これらの改正案が国会で成立した結果，比例区の候補者のうち，女性を従来の30％から50％に増やした上で，男女候補者の順番を交互配置するようになった。また，選挙区の候補者のうち，女性を30％以上公認するように努力しなければならないとし，これを遵守した政党には補助金を追加的に支給できるように

なった。こうした改正案は，地方議会議員選挙のみを対象としており，女性クォータ制が国会議員選挙にも適用されたのは，2年後であった。

以上で検討したように，女性クォータ制は，女性議員を増やすことでジェンダー平等を実現しようとした女性団体の要求を，女性の支持獲得を目指していた金大中が受け入れ，政治的アジェンダとなった。金大中はこの時は落選したものの，女性クォータ制の導入を求める声は，彼が所属する民主党の女性議員らを中心に引き継がれた。その後，女性クォータ制は，金大中が大統領になり，民主党が与党になることで，ようやく導入された。しかし，女性議員の数を増やすという女性クォータ制の効果は，限定的なものに止まっていたため，次の盧武鉉政権になってさらなる法改正が図られることになる。

女性特別委員会の設置

金大中政権は女性クォータ制の導入という立法府における女性の権限強化だけでなく，女性政策を専門的に立案する行政組織である女性部を設置することで行政府においても女性の権益増進を図った。

こうした金大中政権の取り組みの背景として，1996年2月，金泳三政権の与党だった新韓国党が第15代国会議員総選挙を控えて行った女性有権者の意識調査を挙げることができる。調査の結果，より多くの女性が公職に進出するためには，クォータ制や加算点制を導入するよりも，「女性部を新設するなど，女性関係の行政組織を拡大しなければならない」という意見が40％と最も多かったのである（『聯合ニュース』1996年2月10日）。

また，女聯は新韓国党による調査と同じ時期に「女性政策を所管する女性部を新設し，自治体には女性局または女性課を新設する」ことや「DV防止法を制定する」ことなどが盛り込まれた十大女性政策課題を発表した（『聯合ニュース』1996年3月12日）。さらに，女聯はその翌年，第15代大統領選挙を前に発刊

した「21世紀を準備する女性政策資料集」においても，女性政策を所管する省庁として女性部を新設することを主張した。それだけでなく，これに関連して公聴会を開催し，声明を発表するなど，女性部新設の正当性を積極的に訴え続けた（キム・エルリム/ジュ・ジェヒョン 2001：441）。このような中で行われた第15代大統領選挙で，新韓国党から党名を変えたハンナラ党や国民会議，国民新党など，各党が公約として一斉に「女性部または女性処の新設」を掲げたのは当然の成り行きであった。

特に，国民会議の金大中候補は，「(それまで女性政策の調整業務を担当していた）政務第二長官室の代わりに，女性部を新設することで，組織の予算と人員を大幅に拡大し，女性の社会参加の機会を保障しなければならない」と力説し（『聯合ニュース』1997年8月6日），女性の政治的地位の向上に最も熱心な態度を示した。こうした彼の立場は，女性の支持を動員しようとする思惑だけでなく，彼の個人的な哲学によるところが大きい。

金大中は以前からジェンダー平等を強調するフェミニスト的な考え方を持つ人物として評価されてきた。例えば，男女雇用平等法の制定や家族法改正の際には「夫と妻の権利，息子と娘の権利を同等にすることである」として積極的に支持した。彼は女性部の設置を通じて，家庭や労働市場だけでなく，政治の領域にまでジェンダー平等の原則を実践的に取り入れようとしたのである（『聯合ニュース』1997年8月6日）。

ところが，大統領に当選したものの，大統領職引き継ぎ委員会の段階から女性部の新設という金大中の計画は頓挫する。それは，女性部が所管する予定の業務を担っていた省庁からの反発があったのと，アジア通貨危機による「小さな政府論」の台頭によるものであった。代替案として，国務総理直属の政務第二長官室を格上げし，大統領直属の「女性特別委員会」を設置することになった（ジョン・ジンヨン 2015：194）。それに加えて，法務部・行政自治部・教育

部・農林部・保健福祉部に女性政策担当官を配置することで,女性特別委員会との連携を図った(キム・エルリム/ジュ・ジェヒョン 2001:443)。

女性特別委員会から女性部へ

しかし,「女性部の新設」という大統領公約の撤回は,女性団体の反発を招いた。女聯は,「女性部の新設という公約が失敗に終わったことは残念である」というコメントを発表する。また,女協も金大中政権に対する深い失望を表明し,「今後,女性政策が以前よりも,むしろ後退するのではないか」という懸念を示した(『聯合ニュース』1998年1月26日)。さらに,様々な女性団体から「女性平和の家」に集まった208人の女性は,「韓国女性の権利を向上させるためには,政府内で女性政策を提案し,関係法令と部令を制定する権限を持つ女性部が新設されなければならない」という立場を明らかにし,金大中大統領の公約履行を促す宣言文を発表した(『聯合ニュース』1998年1月30日)。

このように女性団体が「女性部新設」の撤回に対して強く反発した背景には,女性特別委員会が持っていた政策執行組織としての構造的な限界があった。第一に,女性政策を所管する省庁が分散しており,女性特別委員会は,各省庁が策定する女性政策を統一的に管理するには,人員面で限界があった。第二に,女性特別委員会は,国務会議(閣議)において,議案や法案を提出する権限がなく,議決権もなかった。第三に,女性特別委員会は,政策執行能力がなかったため,女性政策に関して,他の省庁や自治体に影響力を行使したり,これらの組織と業務連携を行ったりすることが困難であった(キム・エルリム/ジュ・ジェヒョン 2001:443)。こうしたことから,女性団体は,実質的な政策執行能力を備えた女性政策所管省庁として女性部の新設を強く求めたのである(ジョン・ジンヨン 2015:194)。

これを受けて,与党・国民会議は,女性特別委員会の設置から1年が経った

1999年2月に，とうとう女性部の新設を検討すると発表した。

　女性団体以外に，女性部の新設に積極的であったのは，政府・与党ではなく，実は，野党・ハンナラ党の女性議員らであった。与党の発表から1ヶ月後，ハンナラ党は，「女性部の新設を検討する」とした与党の発表から一歩進めて，「女性部を新設する案が盛り込まれた政府組織改編案を策定している」ことを発表した。同党の女性政策委員会が「女性部の新設及び女性の政治参加拡大のための方策が必要である」と主張し続けた結果であった（『聯合ニュース』1999年3月19日）。

　ハンナラ党の女性議員らは，金大中政権の発足初期から，政府が女性部の新設を放棄したこと自体だけでなく，政務第二長官室を廃止し，女性特別委員会を設置することに対しても異議を唱えていた。例えば，呉陽順（オ・ヤンスン）議員は，「特別委員会は，政府組織法にその権限や機能が具体的に規定されておらず，いくら常設機構であるとしても事務局の設置すら想定されていない，その名の通り特別委員会に過ぎない」として問題を提起した（『国会本会議会議録』1998年2月5日）。女性特別委員会が設置された後でも，同党の林鎭出（イム・ジンチュル）議員は，既存の問題を解決できない女性特別委員会の設置という金大中政権の決定を批判し（『国会本会議会議録』1999年3月9日），女性特別委員会を女性部に再編することを要求した（『国会本会議会議録』1999年7月7日）。

　これに対して，金鐘泌国務総理は，「女性特別委員会が発足してから1年余りが経った現時点で，新たに組織再編を進めるよりは，運営面において，より活性化させていった方が望ましい」という見解を示した（『国会本会議会議録』1999年7月7日）。また，「女性部を新設する場合，現在，機能別に編制されている政府組織のシステム上，機能の重複という問題が生じかねないという点を考慮すると，慎重に検討しなければならない問題である」という立場を明かした（『国会本会議会議録』1999年10月29日）。このように，女性部の設置を強く求め

第2章　革新政権の誕生

る野党に対して，政府は，むしろ消極的な立場を取っていた。

　このようなハンナラ党の積極的な動きの背景には，金大中政権による多数派工作があった。金大中政権の発足当時，国民会議の議席は78議席，連立を組んでいた自民連の議席は43議席と，連立与党の議席は121議席に過ぎなかったのに対して，野党・ハンナラ党は，過半数の150議席を上回る161議席を占めていた。ところが，連立与党による多数派工作の結果，1999年2月には，ハンナラ党の議席が過半数を割る135議席にまで減少した。他方，国民会議の議席は105議席へと大きく増加し，自民連の議席も53議席に増えることで，与野党の議席数が逆転していた。

　こうした中，ハンナラ党は劣勢を挽回するチャンスとして2000年に行われる国会議員総選挙に全力を傾けていた。ハンナラ党の女性議員である林鎮出議員の表現を借りれば，ハンナラ党は「(第15代大統領選挙において) 女性部の新設など，バラ色の公約を掲げて，女性票を蚕食した現政権 (金大中政権)」に「女性の権限強化」というアジェンダを先取りされてしまったと考えていた (『国会本会議会議録』1999年3月9日)。そこで，ハンナラ党は，女性議員たちが中心になって女性部設置に取り組み，女性票獲得に奔走した。その甲斐があってか，ハンナラ党は，2000年の国会議員総選挙で，国民会議から党名変更した新千年民主党 (民主党) と自民連の連立与党に辛うじて勝利した。獲得議席数は，ハンナラ党133議席，民主党115議席，自民連17議席 (連立与党合計132議席) となり，わずか1議席差で分割政府となった。

　それゆえ，選挙後も女性部の新設をめぐる与野党の対立は続いた。女性部の設置などが盛り込まれた政府組織法の改正をめぐって，政府提出法律案 (政府案) とハンナラ党が主導した議員提出法律案 (ハンナラ党案) が国会に同時に提出されたのである。両法案は，女性部を新設すること自体については一致していたが，女性部の所管業務の範囲においては，政府案よりハンナラ党案の方が

広かった。ハンナラ党案は，保育業務を女性部に移管することを主張していたが，それを検討した行政自治委員会の専門委員（政府側）は，「女性の地位向上を主な機能とする女性部に保育業務を移管した場合，児童福祉機能が弱まる恐れがある」として反対する立場を明らかにした（『行政自治委員会会議録』2000年7月21日）。

さらに，国会による2000年度の国政監査において，保健福祉部は，ハンナラ党が保育業務の女性部移管を主張していることに対して，「保育業務は女性福祉の観点ではなく，児童福祉の観点から取り組まなければならない」として反対する立場を明らかにした。つまり，保育業務は「総合的な社会福祉サービスシステムの中で他の社会福祉サービスと緊密に連携していくべき」であって，「保育事業を女性の社会参加の補助的な手段として見ては困る」ということであった。それゆえ，「現行通り，保育業務は福祉業務の所管省庁である保健福祉部が所管した方が妥当である」と結論付け，ハンナラ党案ではなく，政府案通りに組織再編を進めていくことを示唆した（『保健福祉委員会会議録』2000年10月19日）。

国会に提出された女性部の新設を盛り込んだ政府組織法中改正法律案（政府案）は，同年12月27日の国会本会議で成立した。その後，2001年1月には，所管法律5本，1室3局体制，定員102名という小さな規模で女性部が発足した。女性部は，国内の女性政策を総括する「女性政策室」と男女差別改善を所管する「差別改善局」，女性の権益増進を図る「権益増進局」，女性団体を支援し，国際協力を図る「対外協力局」から構成されていた。女性部を新設した根本的な趣旨は，国の諸政策にジェンダー視点を取り入れることで，ジェンダー平等社会を実現することであった。それゆえ，女性部が直接女性政策を策定するよりは，各省庁の諸政策がジェンダー視点から行われるように調整するのが重要な機能であった（パク・スクジャ 2001：224）。

女性部の新設に合わせて，国会の常任委員会組織にも変更が加えられた。これは，日本と同様に，韓国においても，国会の常任委員会は保健福祉部に対する保健福祉委員会，法務部に対する法制司法委員会など，政府省庁ごとに設置されているためであった。それゆえ，女性部が新設されると，国会にも女性委員会が新設された。女性政策の審議に興味を示した女性議員は非常に多く，女性委員会の委員14人のうち女性議員が11人を占めることになった。

以上で検討した通り，女性団体が要求し続けてきた女性部の設置問題は，2000年に行われる国会議員総選挙を控えて，政府・与党だけでなく野党・ハンナラ党にとっても重要なアジェンダとなっていた。過半数議席を割り込むことで危機感を覚えたハンナラ党の方が，むしろ女性部の設置に積極的であった。しかし，女性議員を中心に提起された保育業務を女性部に移管するというアイディアは採用されなかった。このアイディアが蘇るのは，女性や若年層の支持を動員するために保育政策を拡充しようとした盧武鉉政権時代である。

4 貧困層のための保育政策

保育政策の拡充は「特定の社会集団に有形の財を与える」政策であるため（新川 2005：259），議員から手柄争いの手段として支持されやすい。そのため与野党議員は，大統領のアジェンダを支持する可能性が高い。他方，保育政策の合理化は，「特定の社会集団に損失を与えることで，選挙で有権者から仕返しを受けやすい」政策であるため（新川 2005：256），非難を回避しようとする与野党議員は，大統領のアジェンダを支持することも支持しないこともできない困難な状況に直面することになりかねない。以下で詳しく説明しよう。

キャリーとシュガート（1995）によると，選挙制度は議員の戦略を規定する。とりわけ，政党執行部が候補者の公認権を持つ小選挙区制と拘束名簿式比例代

表制は，所属政党に依存せず個人の評判を高めることで再選を目指す「個人投票（personal vote）」を追求する誘因が極めて弱い制度である。すなわち，そのような選挙制度の下では，選挙において政党ラベルが持つ意味が大きく，議員は政党執行部の方針に従う誘因を持つ。韓国における国会議員総選挙の場合，日本の衆議院議員選挙と同じく小選挙区比例代表並立制を採用しているが[10]，二大政党が政権獲得のために競合している中で，特定地域において政党ラベルが勝敗を大きく左右する地域主義が根強いことを考えると，議員が政党執行部に従う誘因はさらに強いといえる。そのため，再選という議員の選好を実現するためには，基本的に「政党執行部の方針に従う」ことで所属政党から公認を受けるという戦略が有効となる。野党議員の場合，大統領の不人気な政策に賛成することも反対することもありえる野党執行部の方針に従う可能性が高い。しかし，与党議員の場合，話はそう単純ではない。

　それは，これまで韓国の大統領が行使してきた特殊な影響力に起因する。韓国では，民主化以降も，各党の指導者に対する忠誠に基づいて候補者公認がなされてきた。特に，大統領の強い影響力の下にある与党の場合は，大統領やその側近らによって公認が行われてきたため，与党議員は彼らの顔色を窺わざるをえない（福井・李 1998：58）。それゆえ，与党議員は政党執行部よりは大統領のリーダーシップの影響をより強く受けるといえる。

　大統領のリーダーシップが強い場合，与党候補者の公認権は事実上大統領にあるため，与党議員が大統領のアジェンダに反対することは難しい。他方，大統領のリーダーシップが弱い場合，大統領は与党の候補者公認に関与することができない上に，与党議員は大統領との差別化を図ることで支持率を維持しようとするため，大統領のアジェンダに反対する可能性が高い。

　第2章から第5章の第4節では，以上の仮説に基づき，保育政策が拡充または合理化される政治過程を分析していきたい。

第2章　革新政権の誕生

金大中政権における保育政策の特徴

　金大中政権時代には，まだ少子化に対する危機意識が薄かった。それだけでなく，アジア通貨危機の結果，福祉国家政策は貧困や失業など従来型の社会的リスクの解決に集中させることになった。そのため，金大中大統領は，女性労働力を活用するために，そして女性の支持を動員するためには，保育政策を拡充する必要があると認識していたものの，保育政策を所管していた保健福祉部の予算のうち保育関係予算が占める割合は，わずか4％に満たなかった。

　このような背景から，金大中政権の5年間で提案された保育政策の根拠となる嬰幼児保育法の改正案は，わずか7件（うち，議員提出案が6件）に過ぎなかった。女性議員による提出は，1件もなかった。また，保育政策を審議する国会の常任委員会である保健福祉委員会の構成は，男性14人，女性1人となっていた。韓国史上初の革新政権とされる金大中政権において，様々なジェンダーをめぐる制度改革がなされたが，女性の利益とされる保育政策の政治過程において女性議員はむしろ排除される形になっていた。

　男性中心的な政治過程の中で決められた金大中政権における保育政策は以下の2つの特徴を持つ。

　第一に，保育政策は救貧的かつ選別的な性格を帯びていた。例えば，1991年に制定された嬰幼児保育法は，「乳幼児の保育に必要な費用は，保護者負担を原則とするが，貧困層の子どものための保育に必要な費用は，国や自治体が全部または一部を負担しなければならない」と規定している。要するに，保育料を負担する責任は子どもの保護者にあり，国や自治体は保護者が保育料を払えない「貧困層」の子どもに限って保育料を支援するということである。また，国会においても，保育政策に関する議論は，「共働き世帯」や「欠損家庭（ひとり親世帯）」の子どもへの選別的な支援に焦点が当てられていた。

　第二に，保育政策は5歳児への保育料支援を中心に展開された。その背景と

83

して，当時の韓国では，性別による役割分業の意識が根強く[11]，多くの女性が専業主婦として自ら育児を行っていたことがある。そのため，幼稚園や保育施設を利用するのは，共働きをしないと生計を立てることが難しい貧困層を除けば，子どもが小学校に入る前に基本的な準備学習をさせたいと考える場合が多かった。つまり，保育施設の利用者には5歳児が圧倒的に多かったわけである。そこで，政府は，保育政策の対象として貧困層の子どもとともに5歳児を優先的に考えていた。

例えば，金泳三政権は，結局経済危機で挫折したが，任期が終わる1998年までに「5歳児のための無償保育（保育施設の場合）・幼児教育（幼稚園の場合）」の実現を約束していた。また，1997年12月に行われた第15代大統領選挙を控えて，有力な大統領候補だった国民会議の金大中とハンナラ党の李会昌も，5歳児無償保育を公約として掲げた（『聯合ニュース』1998年1月24日）。

アジア通貨危機が保育政策に及ぼした影響

アジア通貨危機は政府の政策全般に大きな影響をもたらしたが，保育政策もまた例外ではなかった。その影響を，以下の2つにまとめることができる。

まず，予算問題である。韓国初の革新派大統領として金大中が当選すると，保健福祉部は，大統領の公約を実現するための第一歩として5歳児のための無償保育を農漁村地域から段階的に実施することを発表した（『聯合ニュース』1998年2月13日）。2001年には中小都市，2002年には大都市，2003年には全国に拡大するという計画であった。だが，予算が確保できず，農漁村地域以外への拡大実施は先送りされた（『保健福祉委員会会議録』2000年11月27日）。国家破綻の危機に見舞われていた韓国政府は，2000年12月，金大中大統領が「アジア通貨危機の終了」を宣言するまで，保育料支援に取り組む財政的余裕がなかったのである。

財政問題は5歳児だけでなく，貧困層の子どものための保育料支援にも大きな影響を及ぼした。貧困層の子どもへの保育料支援のための予算が確保できず，中断されたのである。その背景として，車興奉（チャ・フンボン）保健福祉部長官は，「1997年の経済危機以降，時限的な生活保護制度が導入されることで，毎年2万人から4万人程度の新規保育料支援対象が増えた」ことを指摘している（『保健福祉委員会会議録』2000年7月10日）。車長官は，この問題への対応として「保育料を支援する貧困層の子どもの選定基準の合理化を図る」ことを挙げた（『保健福祉委員会会議録』2000年7月11日）。要するに，選定基準をより厳しくすることで，対象者を減らすという新自由主義的な方策を解決策として打ち出したのである。

　予算不足を訴える車長官の発言から，保健福祉部の根本的な問題が浮き彫りになる。彼は「保健福祉部の予算で取り組むべき事業は非常に多く，今回のように，常に予算が不足しているため，予算を割り当てられない場合が多い。この（保育料支援）予算もその1つである」と述べたのである（『保健福祉委員会会議録』2000年7月11日）。つまり，巨額の予算を持つ省庁でありながらも，福祉国家支出の大半を占める年金や医療をはじめ，所管業務も多岐にわたっていたため，慢性的な予算不足が続いているというのである。そのため，保健福祉部において全体予算の4％に過ぎない保育政策の優先順位は極めて低く，軽視され，後回しにされることになったと推測できる。

　次に，経済危機の影響が広がっていく中で，景気が大きく落ち込むと，経済復興のために，女性の労働力活用が国を挙げて取り組むべき課題として取り上げられるようになった。国会においても「女性人材を活用する」ための方策として「保育施設の拡充案」が議論された。当時の孫鶴圭（ソン・ハッキュ）保健福祉部長官は，保育事業について「共働き世帯及び働く女性の子どもに対する保護と教育を目的としている」と定義しており，それまでの救貧的な保育政策

から一歩進んで，働く女性を支援するための「保育の社会化」という視点から保育政策が考えられるようになった（『国会本会議会議録』1997年7月28日）。しかしながら，金大中政権において，保育政策の拡充が持つ優先順位は依然として低く，この問題に対する与野党の関心も乏しかった。

保育料自由化の試みと無力な金大中政権

2001年以降，景気回復の兆しが見えると，金大中政権は生産的福祉を第三の国政理念として掲げるなど，福祉拡大への意欲を示した。2001年8月には，保健福祉部が策定した「保育事業総合発展計画案」が公開された。同計画案には，保育料支援基準をより細分化し，支援対象を増やしていくという内容が盛り込まれた（『聯合ニュース』2001年8月8日）。また，2010年までに「5歳児のための無償保育」を実現するために，まず，翌2002年から所得下位20％の5歳児のための無償保育を実施する方針を明らかにした（『聯合ニュース』2001年12月17日）。

これを受けて，女性部はわずか1ヶ月後の2002年1月，同計画案に若干の修正を加えて「保育総合対策」を発表する（『東亜日報』2002年1月17日）。すると，保健福祉部は所管でもない保育政策に口出しをする女性部を非難する声明を発表するなど不快感を隠さなかった（『東亜日報』2002年2月7日）。女性部が保健福祉部の所管であった保育政策に対する主導権を握ろうとした背景には，保育関係予算の獲得によって主要省庁と肩を並べようとする思惑があった。

金大中政権が考えていた保育政策は，貧困層や共働きにより自ら子どもの世話をすることができない階層に限って国や自治体が支援する選別的なものであった。そこで，財政健全化という大統領の選好を実現するために，保育政策の合理化が試みられた。規制を課すことで低い保育料を維持しながら必要に応じては利用者に保育料を支援する国公立保育施設とは別に，民間保育施設は経

済的に余裕がある階層向けに再編しようとしたのである。その方策としては，保育サービスの質によって保育施設が保育料を自由に策定できる保育料自由化が挙げられた。このような方策は，2002年3月6日，保健福祉部と労働部，女性部が合同で発表した「保育事業活性化方案」に盛り込まれた（『聯合ニュース』2002年3月7日）。

　その2日後の8日には，女聯が政府の発表に対する論評を出し，「今回の対策が保育の公共性を保障するものではないことについて，失望の念を禁じえない」として，保育料自由化決定の撤回を求めた（『聯合ニュース』2002年3月8日）。また，同月11日には，女聯など7つの女性団体が「保育の公共性拡大と保育料自由化阻止のための街頭キャンペーン」を展開しただけでなく，国民署名を企画予算処や保健福祉部などに提出するなどして政府の計画に強く抗議した（『国民日報』2002年3月18日）。

　当時，金大中政権は，レイムダック（lame duck）化が進む中で支持率は30％を切っていた。また，自民連との連立を解消したため，与党・民主党単独の議席数は野党・ハンナラ党の133議席を下回り，115議席にとどまった。その上，与党の次期大統領選挙の候補者を選ぶ予備選挙が他党出身の李仁済（イ・インジェ）と民主党のアウトサイダー・盧武鉉との対決構図になると，与党の内部分裂の兆しまで現れた。こうした中，大統領のリーダーシップがあまりにも弱くなっていたため，金大中政権は保育料自由化を積極的に推進することができなかった。というわけで，保育政策を審議する保健福祉委員会ではこの問題がアジェンダにすらならず，与野党議員があえて反対の意を表明する必要もなかった。

　以上で検討した通り，金大中政権時代にはまだ少子化に対する危機感が薄かっただけでなく，アジア通貨危機の結果深刻化した従来型の社会的リスクへ

の対応を迫られていたため，新しい社会的リスクであるケアの空白に対応する余力がなかった。そのため，保育政策は5歳児を中心に救貧的かつ選別的な方向で拡充されたものの，保育政策を所管する保健福祉部が慢性的な予算不足に苦しんでいたため，それ以上の展開はなされなかった。同時に，保育料自由化による保育政策の合理化が試みられたが，大統領の任期が1年を切ると，低支持率と分割政府，与党の分裂などにより，大統領のリーダーシップが弱体化していたため，国会には関連法案すら提出されなかった。とはいえ，権威主義政権の弾圧の中で長い間民主化のために闘争してきた金大中が韓国初の革新政権を形成したことで，大規模な社会保障改革とジェンダーをめぐる制度改革が行われ，後任の盧武鉉政権が保育政策を拡充できる制度的基盤が整ったという点から大きな意義がある。

注
(1) 民主党は，李承晩（イ・スンマン）初代大統領が本人（憲法公布当時の大統領）に限って，再選を制限する条項が適用されないよう憲法を改正したことに反発した野党勢力が集まった政党である。党内では，韓国民主党と民主国民党勢力を中心とする旧派とその他の勢力の新派間の派閥間対立が深刻であったが，金泳三は旧派，金大中は新派にそれぞれ所属していた。
(2) 与党の民主共和党は，朴正煕大統領が日韓基本条約を推進する過程で日本政府から1億3,000万ドルの政治資金を受け取ったことを暴露した自由民主党の金俊淵（キム・ジュンヨン）議員の逮捕同意案を提出し，成立を図った。
(3) 2006年2月5日には，この事件に関連した韓国の外交文書が公開され，「同事件は韓国の公権力が日本の主権を侵害したとして外交問題となり，朴正煕大統領は金鐘泌国務総理を日本に向かわせ，田中角栄総理に謝罪した」ことが明らかになった（イ・ワンボム 2007：312-320）。
(4) 1979年10月26日，韓国の第5・6・7・8・9代大統領を務めた朴正煕大統領が殺害されると，崔圭夏（チェ・ギュハ）国務総理が大統領権限代行に就任し，2ヶ月後には第10代大統領として正式に選出された。しかし，実権を掌握していた全斗煥が圧力をかけて崔大統領を辞任に追い込み，自ら第11代大統領に就任し，第12代まで2期を務めた。

(5) 日本の財務省主計局の機能を持つ。
(6) 韓国の福祉国家研究者らが，金大中政権が行った社会保障改革の性格が新自由主義的なものであったのか，国家責任を強化するものであったのか，または，混合的なものであったのかをめぐって繰り広げた激しい論争は一冊の本として出版されている（金淵明編 2006）。
(7) これに関連し，武川（2005）は，福祉（welfare）とワークフェア（workfare）の同時進行こそが韓国の福祉国家の特徴であると評価している。
(8) 金大中は，女性クォータ制の導入や女性部の新設などを公約として掲げ，大統領選挙に臨んだが，彼を勝利に導いた決定的な要因は，女性からの支持動員ではなく，第三の地域政党と連合することであった。しかしながら，異なる理念に基づく政党との連立政権と，しかもそれにもかかわらず生じてしまった分割政府という事態のため，彼の政権基盤は不安定なものであった。こうした中で金大中大統領が安定した政権運営を行うためには，地域主義に基づく支持に加えて他の社会集団からの支持を動員する必要があった。
(9) 李姫鎬夫人は，ソウル大学を卒業し，アメリカに留学して修士号を取得したエリート女性で，大韓YWCA連合会・韓国女性団体協議会・女性問題研究会などの女性団体に所属し，女性運動家としての道を歩んだ。
(10) 全300議席のうち，選挙区から選出されるのは84.3%である253人であり，残り15.7%の47人が比例区から選出される。ただ，比例区の場合でも，全国単位で候補者名簿を作成した各政党のみを選択できる拘束式となっている。
(11) 第2節で説明した通り，1997年末に発生したアジア通貨危機は，性別役割分業意識に変化をもたらしたが，女性労働力率の増加など，その影響がはっきり現れるのは，2000年代以降である。

第3章
革新政権の新しい政治

1　盧武鉉旋風とノサモ

アウトサイダー・盧武鉉の勝利

　盧武鉉は韓国政治史上例のない全く新しいタイプの政治家であった。血縁・学縁・地縁が日本以上に重要視される韓国社会において，彼は血縁も学縁も期待できなかった。貧しい家庭に育ち，大学には進学せず，苦学の末に司法試験に合格して弁護士となったためである。それだけでなく，嶺南地域出身でありながらも，湖南政党である新千年民主党（民主党）に所属していた彼は，それまでの大統領らとは違って確固たる地域的な支持基盤，つまり，地縁も持たなかった。さらに，国会議員としての経歴は6年に過ぎず，行政経験は金大中政権の海洋水産部長官としての半年のみである。そのような彼がいかにして韓国の第16代大統領になることができたのだろう。

　大統領選挙を1年後に控えて，民主党内で大統領候補として有力視されていたのは，盧武鉉ではなく，自ら新党を立ち上げて直前の大統領選挙に出馬し，敗北してから民主党に入党したベテラン政治家・李仁済であった。忠清地域出身である彼は，前回のように忠清政党である自民連との連携を期待することができる上で，本人は黄海道出身でありながら先代の故郷である忠清との縁故を

強調してきた李会昌に忠清の票を取られないことができる唯一の候補でもあったためである（梅田 2014：62-63）。

　ところが，民主党が党改革の一環としてアメリカの予備選挙（presidential primary election）を模倣して党内予備選挙制度を導入すると，李仁済優位の状況は一転する。予備選挙に民主党の党員だけでなく，一般国民も参加できるようにしたことが勝敗を大きく左右したのである。全国各地の予備選挙の結果勝利したのは，当初，支持率が２％に過ぎなかったアウトサイダー・盧武鉉であった。それまで政治から疎外されていると感じてきた国民の多くは，少数派の盧武鉉を選択したのである。その過程は，2017年「盧武鉉です」という映画が作られるほどドラマチックなものであった。

　2000年の国会議員総選挙当時，盧武鉉は「地域主義の壁を越える」と宣言した。それから，当選可能性の高いソウル鍾路（チョンノ）区の公認を自ら拒否し，ハンナラ党の支持基盤とされる釜山地域から出馬して落選した。そのような盧武鉉が2002年大統領選挙で掲げた最大のスローガンもやはり「地域主義の打破」であった。

　彼が謳う「地域主義の打破」の真の目的は，既得権益を一掃することであった。その方策としては「首都移転」が提示された。首都を地方（忠清地域）に移すことで，首都・ソウルを基盤としている韓国の既得権益が一掃できると思ったのである（大西 2014：91-93）。この構想は，結果的に，当選が有力視されていたハンナラ党の党首・李会昌の大票田である忠清地域の票を奪うという効果をも上げた（図表３−１参照）。

　一方，大統領選挙が行われるわずか３ヶ月前に，鄭夢準（チョン・モンジュン）という第三の人物が現れる。現代（ヒュンダイ）財閥の一族であった彼が，新党「国民統合21」を結党して大統領選挙に出馬したのである。鄭夢準は大韓サッカー協会の会長として2002 FIFA ワールドカップを成功に導き，若年層

第3章 革新政権の新しい政治

図表3-1 第16代大統領選挙における地域別得票率 (％)

	全体	首都圏				忠　清			嶺　南				湖　南			済州
		ソウル	京畿	仁川	江原	大田	忠北	忠南	釜山	大邱	蔚山	慶北	慶南	光州	全北	全南	
盧武鉉	48.9	51.3	50.7	49.8	41.5	55.1	50.4	52.2	29.9	18.7	35.3	21.7	27.1	95.2	91.6	93.4	56.1
李会昌	46.6	45.0	44.2	44.6	52.5	39.8	42.9	41.2	66.7	77.8	52.9	73.5	67.5	3.6	6.2	4.6	39.9

出所：中央選挙管理委員会編（2003）『第16代大統領選挙総覧』から筆者作成。

図表3-2 第16代大統領選挙における各候補別優勢地域

出所：韓国ウィキペディア。

から人気が高かった（大西 2014：95-96）。そこで，盧武鉉は自らが主要な支持基盤としていた若年層からの支持が重なる鄭夢準との一本化を決議し，2人のテレビ討論会後行われた世論調査の結果に基づき，自らへの一本化に成功した。

李会昌を相手にして選挙で勝ちたいこと以外に何ひとつ一致していなかった

2人がいずれ決別するのは当然の成り行きであった。しかし，それは予想以上に早かった。選挙前日の2002年12月18日の夜，鄭夢準は政策の食い違いなどを理由に突然盧武鉉への支持を撤回したのである。にもかかわらず，盧武鉉は接戦の末，前回の金大中が勝った大統領選挙と同様に，朝鮮半島の南西部を支持基盤とする地域主義に基づいて48.9％の票を獲得し，46.6％を得た李会昌をわずか2.3ポイントの差で破って大韓民国の第16代大統領に就任した（図表3-2参照）。

盧武鉉大統領の登場は，前任大統領と同様に地域主義に基づく得票に大きく依存していたが，彼の存在は，金泳三・金大中・金鍾泌という各地域を代表する大物政治家らによる「三金時代」が幕を下ろし，地域的な支持基盤を持たない政治家も政権に就くことができる新しい時代の始まりを意味するものであった。

ノサモと386世代

ところで，盧武鉉は人気芸能人のように自分のファンクラブを持つ政治家であった。「ノサモ（盧武鉉を愛する人々の集まりの略称）」は，彼が2000年の国会議員総選挙で前述の経緯によって落選した直後，インターネット上で作られた集まりである（大西 2014：94）。韓国における多くの政治団体が支持を動員するための，あるいは支持動員によるトップダウン的な組織である一方，ノサモは基本的にインターネットを介して自発的に活動するボトムアップ的な組織を持つ韓国初の政治団体であった（カン・ウォンテク 2004：163-169）。

政治家として様々な弱点を抱えていた盧武鉉が大統領になることにノサモは大きく貢献した。まず，前述した民主党の党内予備選挙に参加する国民選挙人団の募集に応募した190万人のうちノサモの会員が40万人と全体の21％を占めることで，盧武鉉を民主党の大統領候補に仕立てる上で大きな役割を果たした

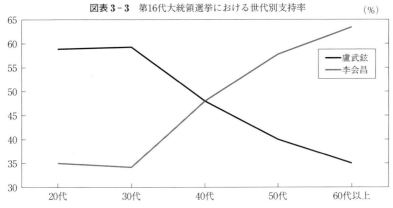

図表 3 - 3　第16代大統領選挙における世代別支持率

出所：韓国放送3社（KBS・MBC・SBS）出口調査から筆者作成。

（カン・ウォンテク 2004：167）。また，彼らは本番の大統領選挙においても大きな力を発揮した。例えば，彼らのインターネットを利用した選挙運動により，普段なら投票に行かなかったはずの若年層の多くが投票に参加したことが勝敗を分ける大きな要因となった（森 2011：79）。

このように，盧武鉉はノサモ以外にも若年層一般からかなり人気が高かった。親世代の旧態依然とした政治に嫌気がさしていた若年層は，古い政治の元凶とされてきた地域主義の打破を叫ぶ盧武鉉に魅力を感じたのだろう。なかでも盧武鉉が支持母体としていた集団は，権威主義時代に人権派弁護士として活動しながら独裁政権の打倒を叫んだ彼に深く共感する「386世代」，つまり，民主化運動の主役である年齢30代・80年代に大学に在籍していた・60年代生まれの世代であった。

2002年の第16代大統領選挙で盧武鉉を支持した20代と30代は，それぞれ59.0％と59.3％と，34.9％と34.2％であった李会昌に比べて2倍近く多かった。一方，李会昌を支持した50代と60代は，それぞれ57.9％と63.5％と，40.1％と34.9％であった盧武鉉に比べてはるかに多かった（図表3-3参照）。このよう

に新しく登場した世代間対立は，地域間対立が完全に解消されたとは言い難いものの，その影響力が弱まっていく中で，深刻化することになる。

2　参与政権と参与福祉

死角地帯と少子高齢化問題

　2000年12月，金大中大統領は，IMFなどからの借入金を全額返済し，通貨危機を克服したと宣言する。しかし，国民の実感としては，さほど生活は改善されていなかった。アジア通貨危機を受けて，社会保険制度と公的扶助制度が整備されたものの，人口のかなりの部分が国の支援や保護から排除されてしまう「死角地帯」問題が残されていたためである。このような「死角地帯」問題は，1990年代後半以降，産業構造と雇用構造が急変する中で，社会保険に加入できない，または保険料を払えない臨時職やパートタイマーなどの非正規雇用労働者が増加する一方で，経済的な困難を抱えているにもかかわらず，仕事をしているという理由で公的扶助を受けることができないボーダーライン層やワーキングプアが増えることでますます深刻になっていた（金成垣 2010：248）。

　また，盧武鉉政権は，従来重要性が十分に認識されてこなかった新しい福祉圧力に直面することになる。それは，深刻な少子化と急速な高齢化であった。1999年6.9%であった韓国の高齢化率は，2000年には7.2%へと上昇し，「高齢化社会」に突入した。憂慮すべきことは，韓国における高齢化は，出生率の急激な低下によって，他のどの国よりも速いスピードで進んでいるということであった。1960年代に6.0であった韓国の合計特殊出生率は，1990年代以降2.0を下回ることになり，2002年にはなんと1.17まで急落した。これは人口代替率である2.1をはるかに下回る数値であり，このままだと韓国は2019年に「高齢社会」，2026年には「超高齢社会」になることが見込まれた（統計庁「将来人

口推計結果」)。そのため,盧武鉉政権には待ったなしの対応が求められた。

参与福祉

　盧武鉉政権は,金大中政権で整備された社会保険制度と公的扶助制度の大きな骨格は維持したまま,中身を充実させることを中心に福祉国家を発展させていった。また,金大中政権では優先順位が低かった社会サービスの拡充にも積極的に取り組んだ。こうした社会保障改革は,金大中政権の生産的福祉を継承した「参与福祉」という福祉理念の下で行われた。

　前章で検討したように,金大中政権における生産的福祉は,グローバル化の圧力や脱工業化による産業・雇用構造の変化とそれに起因する失業や貧困など従来型の社会的リスクに対応するために,社会保険と公的扶助を中心に行われた「所得保障の改革」であった。他方,盧武鉉政権における参与福祉は,家族構造の変化や女性の労働力参加の増加による育児及び介護問題など新しい社会的リスクへの対応を中心とする「サービス保障の改革」であったといえる。

　盧武鉉政権は参与福祉について,「国の福祉への積極的な役割増大と国民の福祉政策への積極的な参与(参加)が結び付くことで,急変する社会的・経済的環境の中で持続可能でかつ質の高い福祉制度を構築し,全ての国民に人間らしい生活が保障される『参与福祉』コミュニティを実現する福祉」であると説明している(ペク・ソンヒ 2009：108)。参与福祉は,「国民の参加」,「国家の責任」,「福祉の普遍性」を基本原則としているが,福祉への「国民の参加」を強調しているという点で生産的福祉からの差別化がなされている(大西 2014：98-99)。

　盧武鉉政権は「参与政権」とも呼ばれた。大統領職引き継ぎ委員会は,この名称について「我々の民主主義を国民の参加が日常化する参加型民主主義の段階に発展させるということと,真の国民主権・市民主権の時代を切り開くとい

う意味である」と説明している（『聯合ニュース』2003年2月10日）。このように参与福祉は，盧武鉉大統領が謳っていた参加型民主主義とも深く共鳴する。また，同委員会は，参与福祉の基本的な構想が「政策決定と執行過程に国民が主体として参加できるシステムを構築し，個人としての国民だけでなく，地域社会と民間の資源がともに参加することを誘導する」ことであると述べている（キム・テリョン／アン・ヒジョン 2004：428）。

社会投資戦略

盧武鉉政権は，2006年頃から参与福祉に続く福祉パラダイムとして「社会投資戦略（social investment strategy）」を掲げた。所得保障を中心とする伝統的な福祉政策だけでは解決できない新しい社会的リスクに対応するためには，「経済と福祉の好循環」，そして「社会統合の促進」を目的とする社会投資戦略が必要であると考えたのである（キム・ヨンミョン 2009：8-9）。

福祉政策を通じて労働力の供給を増やす一方，労働力の質を高めることで，経済にプラスの影響を与えるだけでなく，社会統合をも促す（キム・ヨンミョン 2009：9）。盧武鉉政権が追求していた社会投資戦略は，教育を通じて個人の自立や人的資本の拡充を図り，結果の平等ではなく機会の平等を重視するという点から，自由主義の理念に呼応していた（チョ・ヨンフン 2008：226）。

一方，イギリスの社会投資戦略が職業訓練や再教育を通じて失業中の若者や女性などを労働力として活用することを主な目的としていたのに対して，韓国における社会投資戦略は，ケアサービス部門を拡大することで，新たな雇用を創出するとともに，女性の労働力を活用することを目的としていた。盧武鉉大統領は，ケアサービスの拡大こそが雇用創出やケアの空白への対応，女性労働力の活用，さらなる経済発展などの政治的要求に同時に対応できる手段であると考えていたのである（ペング 2013：259-261）。

社会投資戦略という概念が社会に拡散することで，人的資本に投資すべきという認識が共有されると，各省庁はそれぞれの理由から保育政策の拡充を支持した。例えば，保健福祉部は，保育政策が少子高齢化への対応や女性雇用の促進，貧困問題の解決に向けて絶好の手段となると考えた。また，女性部は，ジェンダー平等を達成するための手段として，労働部や企画財政部など経済省庁は新たな雇用を創出することで景気を刺激できる手段として保育政策を考えた（ペング 2013：255）。

　このような戦略の下で福祉の拡大に取り組んだ結果，政府の財政に占める福祉支出の割合は2004年には24.5％と，経済や国防分野を抜いて最大となり，2006年には27.9％へとさらに増加した（ソン・ギョンリュン 2014：98）。

参与福祉における保育政策の位置付け

　ところで，参与福祉において，保育政策はどのような位置付けを持っていたのだろう。2004年に嬰幼児保育法が全面改正されると，保育の対象は「保護者が勤労または疾病その他の事情により保護することが難しい乳幼児」から「乳幼児」に変わった。つまり，保育政策が保護者の条件なしに全ての乳幼児を対象とすることで普遍的な性格を追求するようになったのである。また，「保育に必要な費用を保護者が負担することを原則とする」という条項を削除し，「低所得層の子ども」という表現を改め，「一定所得以下世帯の子ども」の保育に必要な費用は，国や自治体が負担するようにした。要するに，「一定所得」という所得基準を緩和していくことで，保育料の支援対象の漸進的な拡大を目指したのである。

　子ども中心的な観点から保育政策を策定した金大中政権とは違って，盧武鉉政権は保育政策を策定する上で，2つの対象を考慮していた。第一に，保育政策の直接的な対象となる子どもと，第二に，保育政策によって経済的・時間的

な利益を得る保護者(ほとんどの場合,母親)である。

　まず,子どもという観点からは,盧武鉉大統領自身が「保育政策は,将来のための最も重要な投資だ」と言っているように(『韓国経済』2004年6月11日),保育政策を通じて将来国家発展を担うことになる次世代労働力もしくは人的資本を蓄積することができると認識していた。前述のように,社会投資戦略の一環として保育政策を考えたのである。

　次に,子どもの母親という観点からは,金大中政権と同様に,女性労働力を活用するための手段として保育政策を考えていた。女性労働力を活用することで国の経済発展を図る一方,女性が働くことで経済危機により不安定になっていた家計を助けるようにする狙いがあったのである(ソン・ギョンリュン 2014：92)。その根拠として,通常0〜2歳児には保育サービスよりは育児休業などを充実させている他のOECD加盟国と違って,0〜2歳児のための保育サービスを3〜5歳児より優先して拡大したことを挙げることができる。つまり,保育政策は多くの女性が出産や育児を機に労働市場から離脱してしまうことを意味する「M字カーブ」という問題を解消し,女性労働力を活用し続けるための手段であったのである。

　それゆえ,盧武鉉大統領は就任当時から保育政策を最優先して予算を割り当てていくことを強調しており,実際に保育関係予算は,盧武鉉政権の発足以来飛躍的に増加した。

3　女性の実質的代表性の向上

　女性からの支持を動員するために行われた前任の金大中政権におけるジェンダーをめぐる制度改革は,政治の領域に参加する女性の数を増やすことで,記述的代表性(descriptive representation)を確保するためのものに過ぎなかった。

他方,その結果を利用して保育政策を拡充することで,女性や若年層からの支持動員を図った盧武鉉政権は,政治の領域により多くの女性を参入させることに加えて,彼女らが実際に女性の利益を代表するようにすることで実質的代表性(substantive representation)の向上を図った。

なぜ,盧武鉉政権は女性からの支持を動員する必要があったのか。それは,地域主義が依然として影響力を発揮している中で,彼がはっきりとした地域的な支持基盤を持たない,韓国では全く新しいタイプの政治家であったためである。そのような意

盧武鉉大統領と韓明淑国務総理
盧武鉉大統領は,韓国政治史上初の女性国務総理を任命した。
出所:https://news.naver.com/main/read.nhn?mode=LSD&mid=sec&sid1=100&oid=001&aid=0001276537

味から,彼にとって有権者の半分を占める女性からの支持を動員することは,相対的に人口の少ない地域ではあったものの,確固たる地域的な支持基盤を持っていた金大中以上に重要な課題であった。また,盧武鉉大統領はごく短い期間を除くと任期を通して不安定な政治的文脈の中に置かれていたため,安定した支持基盤を確保することは切実であった。

韓国の有力な女性団体である女聯は,公共保育の拡充と保育の社会化を重要な目標として掲げてきたので,保育政策を目玉公約として掲げた盧武鉉候補を積極的に支持した。こうした女性団体の期待に応えるために,盧武鉉政権は金大中政権と同様に女聯の関係者を女性部の長官など政府の要職に迎え入れ,女聯との深い連携関係を続けた。

保育政策の拡充は，女性という新たな支持基盤を形成するとともに，盧武鉉大統領の強力な支持基盤であった若年層のニーズを充足させるためのものであった。盧武鉉政権は保育政策を拡充するための第一歩として，保育業務を保健福祉部から女性部に移管し，大規模な保育関係予算の投入を決定した（春木2008：86）。

女性部への保育業務移管
　改革のポイントは，誰に任せるかである。例えば，盧武鉉政権で行われた経済改革が新自由主義的であったと評価される理由は，当時改革を主導した経済官僚の性格が新自由主義的であったためである（大西 2014：110）。そのため，盧武鉉大統領が掲げた「保育にかかる予算を倍増させる」という画期的な公約を実現するためには，保健福祉部では心もとなかった。前章で説明した通り，保育政策は保健福祉部という巨大省庁の中では非常に優先順位が低く，軽視されていたからである。そこで，女性部が改革を担う組織として選ばれた。
　省庁の予算は組織の力を意味するため，各省庁は予算をめぐって激しく争うのが通例である。盧武鉉政権の発足当時2,990億ウォンであった保育関係予算はそれから大きく増加し，任期末には1兆8,000億ウォンにも達する見通しであったことを考えると（『保健福祉委員会会議録』2003年3月31日），保育業務の所管省庁であった保健福祉部が保育業務を手放すことを喜ぶはずがなかった。このような状況で，女性部への保育業務の移管は，いかにして可能となったのであろう。
　2002年大統領選挙の当時，「保育関係予算の拡大」と「女性部の権限強化」を公約として掲げた盧武鉉大統領は，保育業務を女性部に移管することで，この2つの公約を同時に実現できると考えた。彼は，民主党の大統領候補を選ぶ予備選挙で戦った鄭東泳（チョン・ドンヨン）議員の発言からアイディアを得た

ものであると見られる。鄭東泳議員は，予備選挙最中，女性部に関して「女性部の予算を増やし，その機能と役割をさらに強化しなければならない」，「保育問題は女性の雇用創出や女性の権利と密接に関連しているので，保健福祉部ではなく，女性部で一貫して処理した方がより効果的である」と主張していたのである（『毎日経済』2002年3月26日）。

　盧武鉉大統領は，就任して間もなく，保育政策をはじめとする家族政策を拡充するための人選に踏み切った（Fleckenstein and Lee 2014：621）。彼が持つ革新的な理念に同調する国務委員（閣僚）19人を任命したのである。そのうち，康錦實（カン・グムシル）法務部長官，韓明淑（ハン・ミョンスク）環境部長官，金花中（キム・ファジュン）保健福祉部長官，池銀姫（ジ・ウンヒ）女性部長官など4人が女性であった。前任の韓明淑と同様に，革新系女性団体である女聯の代表を務めた池銀姫女性部長官は，「今後，4人が力を合わせれば，4という数字以上の力強い声を上げることができる」と述べ，女性長官らの連帯の可能性を示唆した（『毎日経済』2003年3月24日）。

　特に，女性クォータ制の導入で比例代表として民主党の議員となった金花中を保健福祉部長官に任命すると，彼女は保育業務の女性部移管過程において大きな役割を担うことになった。興味深いことに，彼女は2003年3月17日に開かれた記者会見と25日の国務会議で，女性部が家庭崩壊問題の解決に取り組む「家庭女性部（仮称）」に再編されることを前提に，保健福祉部の所管である保育業務を女性部に渡したい考えを示した。女性部から公式に保育業務を移管してくれるよう要請されたことがなかったにもかかわらず，保健福祉部の長官が進んで保育業務の移管に言及したのである（『保健福祉委員会会議録』2003年3月31日）。

　それを受けて，盧武鉉大統領は，「保育問題は，女性の労働力参加促進を目指す国家戦略と絡み合っているだけに，女性部が担当する方向で進めるよう

に」と金長官を後押しする（『聯合ニュース』2003年3月25日）。保育業務は，幼稚園の場合，教育人的資源部，保育施設は保健福祉部，職場保育施設は労働部がそれぞれ所管していたが，業務管轄の統合案をめぐって関係省庁が争った結果，最終的には女性団体と女性議員の支持を受けた女性部が勝利したのである（『聯合ニュース』2003年3月26日）。3月31日に開かれた保健福祉委員会の会議では，与野党の議員から金花中長官の発言に対する批判が相次いだ。保健福祉部の実務者らとは議論もしないで，保育業務の移管問題を長官独断で外部に向け発言したことは軽率であるということであった。

　金花中長官はこれに反論し，思わぬ事実が明らかになる。そもそも移管案は，金長官が言い出したことではなかったというのである（『保健福祉委員会会議録』2003年3月31日）。金花中長官は，国務会議に上がってきた案件に対して，かねてよりの持論に基づき対応しただけだと述べた。

　保育業務を女性部に移管する問題は，前の金大中政権において，野党・ハンナラ党の女性議員らによって何度も提起されており，2003年1月，盧武鉉大統領の大統領職引き継ぎ委員会でも既に議論されている。当時，女性部は「保育業務が巨大省庁である保健福祉部の周辺的な業務にとどまっているよりは，女性部長官の積極的な関心の中で女性部の主要政策として推進された方が望ましい」と主張しており，盧武鉉大統領もそれに対して積極的な支持の意思を示していた（ウォン・シヨン/ファン・インジャ 2010：116-118）。したがって，保育業務の女性部移管問題という案件は，保健福祉部長官の発想というよりは，女性部の意見に同調した大統領の意思が先行していたのである。

　一方，女性クォータ制の導入によって前よりは増加したものの，依然として少数派に過ぎない女性議員を除けば，多くの議員が女性部への保育業務移管に反対していた。具体的に，民主党の金聖順（キム・ソンスン）議員は，「女性部が保育業務をうまくできるという客観的な根拠がない」，「保育政策は子ども中

心的な観点から進めるべきであって,女性的な観点は困る」という理由で反対した。ハンナラ党の金洪信(キム・ホンシン)議員も,「意見を十分にまとめる前に省庁移管問題が出てくるのはおかしい」と言いながら,「大事なことは,どの省庁なのかではなく,どのような内容なのかである」と強調した(『保健福祉委員会会議録』2003年3月31日)。

さらに,韓国保育施設連合会など9団体で構成される「社会福祉共同対策委員会」も保育業務の女性部移管に強く反対した。彼らは「保育問題は女性の問題ではなく子どもの問題であるため,女性ではなく子どもを中心に解決しなければならない」と主張した(『YTN』2003年3月24日)。また,カトリック大学社会福祉学科の金宗海(キム・ジョンヘ)教授も「専門家や関係団体,さらには,関係省庁の内部でさえ十分に意見交換が行われたとは思えない」としながら,「保育業務を女性部に移管することがいかにして保育問題の解決に結び付くのかが明確ではない」と批判した(『聯合ニュース』2003年4月23日)。

このように,様々な批判にさらされながらも,金長官は「女性部の方が保育業務により適合しているのであれば,省庁利己主義を捨て,喜んで該当業務を移管したい」と持論を曲げなかった(『保健福祉委員会会議録』2003年3月31日)。一方,盧武鉉大統領は,「世論をうまくまとめて国民の同意が得られるまで時間をかけて進めるべきである」と一歩譲った(『e-daily』2003年4月4日)。

保育業務の女性部移管に賛成する勢力は,女聯・女協・女性政治連帯など主な女性団体と韓国女性学会などの女性学者集団,それから,国会の女性議員であった。彼女らは「保育政策は女性の働く権利と直結する問題なので,女性の視点に立って解決しなければならない」と主張し,声明・論評・公開討論会・記者会見などを通じて保育業務の女性部への移管を支持する立場を明らかにした(『聯合ニュース』2003年3月25日;2003年5月20日;2003年5月26日)。

また,国会の女性委員会に所属する女性議員らは,この問題に関する党内の

意見をまとめる一方（『Oh My News』2003年4月24日），「政府組織法」を管轄する行政自治委員会に意見書を提出するなど，女性部に保育業務を移管するよう積極的に働きかけた。その意見書は，「……女性部の組織能力を結集して乳幼児保育業務を国家の重要な政策として推進することができる……女性の競争力を確保することができるという利点があり……」となっており，女性部が保育業務を所管する方向へと政府組織法の改正の必要性を訴えている（『行政自治委員会会議録』2004年2月9日）。

こうした動きを受け，2003年10月28日に開かれた国務会議では，「保育業務を保健福祉部から女性部へと移管する」という内容が盛り込まれた政府組織法改正案が決定された。この改正案を国会で成立させるために，盧武鉉大統領は国会議長と国会議員宛に協力を求める書簡まで送るなど積極的な支持を表明した（『Money Today』2003年11月21日）。

しかし，12月23日に開かれた国会本会議において，政府組織法改正案は，出席議員189人のうち，賛成83人，反対52人，棄権54人と，出席過半数の賛成を得ることが出来ず，否決されてしまった。ところで，政府組織法改正案の最大の目玉は実は保育業務の移管ではなく，消防防災庁の新設であった。庁長の資格を消防職公務員に限定するか政務職公務員にまで拡大するかをめぐって対立が解消されなかったことが，改正案否決の最大の理由であった。その後，この問題に関する妥協が成立し，政府組織法改正案は，2004年3月2日，国会本会議で在席158人のうち賛成156人，反対0人，棄権2人で最終可決された（『国会本会議会議録』2004年3月2日）。その結果，保育業務が女性部に引き渡されることで，年間予算が470億ウォンに過ぎなかった女性部はその10倍にも及ぶ4,362億ウォンもの予算を持つ大型省庁に成長することになった（『京響新聞』2003年11月3日）。

第3章　革新政権の新しい政治

女性部から女性家族部へ

「家族業務を女性部に移管することで女性家族部に拡大する」というアイディアも，保育業務の女性部移管と同様に，盧武鉉大統領の発案だった。家族業務の女性部移管に関する議論は，2003年11月20日，全国の女性首長と女性政策諮問委員155人が参加した懇談会で，盧武鉉大統領が「現在の女性部を高齢者・子ども・青少年などに関する政策まで所管する女性家族部に拡大するつもりだ」と話したことから始まっている。その後，女性部は他の省庁が所管していた家族業務を女性部に移管するよう要求を始めたが，関係省庁は「女性部は保育業務を充実させなければならない大事な時期に，再び規模だけ拡大しようとしている」と強く批判した（『文化日報』2004年6月15日）。

一方，国会の女性委員会は，基本的には女性部の拡大を支持する立場であった。しかし，2005年2月19日の議事録によると，「女性部は家族業務を引き受けるという意思だけが強く，何をどのように推進していくというビジョンもないため，女性部の主張は具体的でもなければ説得力もない」という所属委員の指摘が相次ぐ（『女性委員会会議録』2005年2月19日）。さらに，2日後の21日に開かれた政府組織法を審議する常任委員会である行政自治委員会の会議でも，女性委員会と行政自治委員会に同時に所属している女性議員である洪美英（ホン・ミョン）議員以外には，この問題に関して発言したほぼ全ての議員が否定的な意見を示した。

金淇春（キム・ギチュン）議員は「女性政策のために女性部を新たに設置したのなら，女性部は女性政策に専念すべきだ」と保育政策の移管に疑問を呈し，權五乙（クォン・オウル）議員も「女性の社会進出が男性並みになると，女性部は廃止されるだろう。家族が女性だけで構成されているわけでもないのに，なぜ，女性部が担当するのか」と述べ，女性部への家族業務移管に反対した。また，梁亨一（ヤン・ヒョンイル）議員は「ジェンダー問題を担当するために設置

107

された省庁が家族政策まで巻き込むと，固有のアイデンティティが変質してしまう」と批判し，李明奎（イ・ミョンギュ）議員は「ほぼ全ての省庁に分散されている大規模な家族政策を女性部が持っていって何をどうするというのかわからない」と反対した（『行政自治委員会会議録』2005年2月21日）。

　こうした反対にもかかわらず，政府組織法中一部改正法律案は，2005年3月2日の国会本会議で在席227人のうち賛成170人，反対52人，棄権5人で可決された（『国会本会議会議録』2005年3月2日）。この政府組織法の改正によって，「女性家族部長官は，女性政策の企画・総合，女性の権益増進など地位向上，家族政策の策定・調整・支援及び乳幼児保育に関する事務を管掌する」ことになった。

女性クォータ制の拡大

　第17代国会議員総選挙を控えていた2003年8月には，321の女性団体が集結して「第17代総選挙のための女性連帯（総選女性連帯）」を発足させた。総選女性連帯は「比例区の議席を拡大する」ことや「比例区50％，選挙区30％の女性クォータ制を地方議会議員選挙だけでなく，国会議員総選挙においても法律として義務付ける」ことを政党法改正案に盛り込むことを政府に要求した。また，同改正案に関する説明会の開催，委員長面談，公開討論会の開催，改正案に賛成する議員名簿の発表など，ありとあらゆる手段を動員して政府に圧力をかけた（ジョン・ジンヨン　2013：39）。

　その結果，2004年3月の政党法改正で，国会議員総選挙の場合，比例区候補者の50％を女性にしなければならないという義務規定と選挙区候補者の30％を女性にしなければならないという努力規定が導入された。さらに，わずかながら比例議席が増加した。国会議員定数274議席のうち46議席で16.7％に過ぎなかった比例議席が，国会議員定数299議席のうち56議席となり，全体議席の

図表3-4　政党法中改正法律案に盛り込まれている女性クォータ制関連内容

提案日付	提案者	関連内容	議決結果
2000.2.8	申樂均 (シン・ナクギュン) 議員など48人	政党法中改正案において，次のように修正する。 案 第31条に第4項を次のように新設する。 4. 政党は比例代表全国選挙区の国会議員選挙の候補者と比例代表選挙区の市道議員選挙の候補者のうち，女性を100分の30以上推薦しなければならない。	原案可決
2001.11.30	朴相千 (パク・サンチョン) 議員など22人外95人	政党は比例代表全国選挙区の国会議員選挙の候補者のうち，女性を100分の30以上推薦するが，候補者名簿の順位に沿って3人毎に1人以上含まれるようにしなければならない（案 第31条第4項）。 政党は比例代表選挙区の市道議会議員選挙の候補者のうち，女性を100分の50推薦するが，候補者名簿の順位に沿って2人毎に1人が含まれるようにしなければならない（案 第31条第5項 新設）。 政党は，任期満了による選挙区の国会議員選挙と選挙区市道議員選挙の候補者を推薦するに当たって，女性が100分の30以上含まれるように努力しなければならない（案 第31条第6項 新設）。	代案反映廃棄
2001.12.7	李海鳳 (イ・ヘボン) 議員など19人外117人	各政党は，公職選挙の比例代表の候補者を推薦する際に，国会議員は，女性が100分の30以上，市道議会議員は，女性を100分の50以上当選するように推薦しなければならない（案 第31条第4項）。	代案反映廃棄
2002.12.17	呉世勲 (オ・セフン) 議員など25人	各政党は，公職選挙の比例代表の候補者を推薦する際に，女性を100分の50以上推薦するが，女性候補者が候補者名簿に1位から2人毎に1人以上が含まれるようにする（案 第31条の2第5項）。	代案反映廃棄
2002.2.28	政治改革 特別委員長	政党は比例代表選挙区の市道議会議員選挙の候補者のうち，女性を100分の50以上推薦するようにし，選挙区市道議会議員選挙の候補者のうち，女性を100分の30以上推薦した政党に対しては補助金を追加で支給できるようにする（案 第31条第5項及び第6項 新設）。	原案可決
2004.3.2	政治改革 特別委員長	比例代表国会議員候補者のうち，女性を100分の50以上推薦するようにし，選挙区国会議員候補者のうち，女性を100分の30以上推薦する場合には，補助金を追加的に支給できるようにする（案 第31条第4項及び第6項）。	原案可決

出所：大韓民国国会議案情報システムから筆者作成。

図表 3-5 女性クォータ制の変化

選挙類型		2000年	2002年	2004年
国　会	選挙区	—	—	30％以上，努力規定
	比例区	30％以上，義務規定	30％以上，義務規定	50％以上，義務規定
地方議会	選挙区	—	30％以上，努力規定	30％以上，努力規定
	比例区	30％以上，義務規定	50％以上，義務規定	50％以上，義務規定

注：努力規定を遵守した場合，補助金を支給する。
出所：筆者作成。

図表 3-6　韓国国会における女性議員の割合変化　　　　　　　　(人，％)

年	女性議員割合	比例区				選挙区			
		議席数	立候補者数	当選者数	割合	議席数	立候補者数	当選者数	割合
1988	2.0	75	13	6	8.0	224	14	0	0
1992	2.7	62	16	7	11.3	237	21	1	0.4
1996	3.0	46	22	7	15.2	253	21	2	0.8
2000	5.9	46	32	11	23.9	227	33	5	2.2
2004	13.0	56	91	29	51.7	243	66	10	4.1
2008	13.7	54	83	27	50.0	245	132	14	5.7
2012	15.7	54	79	28	51.9	246	63	19	7.7
2016	17.0	47	75	25	53.2	253	98	26	10.3

出所：中央選挙管理委員会選挙統計システムから筆者作成。

18.7％を占めるようになったのである。国会議員総選挙に女性クォータ制が導入されてからの強化の動きをまとめたのが，図表3-4・3-5である。

図表3-6には女性クォータ制の導入による効果をまとめた。国会議員総選挙の比例区に30％の女性クォータ制が導入された2000年の第16代国会議員総選挙において，女性議員の割合は従来の3.0％から5.9％へと2倍近く上昇した。さらに，比例区に50％の女性クォータ制が導入された2004年の第17代国会議員総選挙において，その割合は，さらに2倍近く上昇し，13.0％になった。その結果，2016年現在，大韓民国国会における女性議員の割合は17.0％に達している。

ここで注目すべきことは，義務として女性クォータ制が導入されている比例

区だけでなく，女性クォータ制が努力規定に過ぎない選挙区においても，女性の立候補者数と当選者数が着実に増加してきたことである。選挙区に女性クォータ制が導入される前である2000年の第16代国会議員総選挙において，選挙区で当選した女性議員の割合は2.2％に過ぎなかった。ところが，努力規定として選挙区に30％の女性クォータ制が導入された2004年の第17代国会議員総選挙において，その割合は4.1％へと2倍近く増加しただけでなく，2016年にはさらに2倍以上増加し，10.3％に達している。

トークンからクリティカル・マスへ

以上で検討したように，2000年代，韓国では，ジェンダー平等に関する政策を専門的に取り扱う行政組織である女性部が設置された。また，女性部のトップである長官だけでなく，女性部の官僚の多くが女性団体出身者であった。女性部は，女性団体と強い協力関係を築き，女性の利益を積極的に政策に反映するために，相互に助け合う環境が整った。一方，国会と地方議会の議員を選ぶ選挙に女性クォータ制が導入されることで，欧米から見ればまだ少ないものの，女性議員の数が飛躍的に増加した。このような変化は，保育政策の政治過程にどのような変化をもたらすだろうか。

これまでの研究によると，女性は男性とは異なる動機を持って政治に参加する。五十嵐・シュラーズ（2012）は，女性が政治に参加する動機として，女性であるという理由で経験せざるをえなかった矛盾や差別を挙げる。要するに，女性は，矛盾や差別を乗り越え，ジェンダー平等を実現するために，政治に参加することが多い（五十嵐・シュラーズ　2012：70）。

また，女性は男性とは異なる政治的選好を持つ。例えば，65ヶ国200人の女性議員を対象とした Inter-Parliamentary Union（IPU）の調査によると，回答者の89％が「自分には女性のニーズや利益を代表する責任がある」と答えた

(Sawer 2002：8)。さらに，アメリカ・アリゾナ州の州議会を対象とした研究では，女性議員の方が保育・福祉・教育など生活にかかわる法案をより多く提出しているだけでなく，そのような法案に賛成票を投じる傾向が強いということが明らかになっている（Saint-Germain 1989：957）。

女性議員が女性の利益となる法案を提出する割合は，女性議員の数が増加するほど高くなる傾向がある。例えば，アリゾナ州の州議会における女性議員の割合は，1969年から1986年まで12.2％，13.3％，16.7％，18.9％，20.0％へと着実に増加している。提出された法案全体の中で，女性の利害にかかわる法案が占める割合も同じ期間中18.6％，26.4％，33.8％，39.4％，36.8％へと大幅に増えた（Saint-Germain 1989：962）。

しかし，政治により多くの女性が参加するとしても，常に変化が期待できるわけではない。一例として，軍事クーデターをきっかけに政権に就いた朴正煕政権を挙げると，女性議員は，それまでの1〜3人から一気に5人，その後は12人にまで増えた。しかし，この時期の女性議員は，権威主義政権の正当性を確保するための手段の1つとして利用されただけであり，女性問題を政治的アジェンダとするには力不足だった（ソン・ボンスク/パク・ウィギョン 2000：26）。まさに，彼女たちは名目的なトークン（token）にとどまっていたのである。

ある組織で少数派が影響力を行使できるようになるためには，一定以上の人数が必要であるといわれる。いわゆる「クリティカル・マス（critical mass）」理論である。ダーラップ（1988）は，原子物理学において，ある現象が連鎖反応（chain reaction）を起こし，新しい局面に進化していくために必要な臨界質量「クリティカル・マス」という概念を北欧諸国の政治に適用できるかどうかを検討した。その結果，社会科学は自然科学とは違って，変数をコントロールすることができないという限界はあるものの，政治を変えるために必要な女性議員の割合は約30％であると推測した。

しかし,「クリティカル・マス」理論は,女性議員の数,つまり,記述的代表性がいかにして実質的代表性につながるのかという問題に関しては,説明力を持たない。それだけでなく,彼女が提示した30％という数値は,どの国・社会でも同じといえるか,また,どのような条件の下で,特定の数値が「クリティカル・マス」になりえるのかについても,明らかではない（申琪榮 2013：38）。

しかしながら,女性クォータ制が現在の姿を備えた2004年を前後して,大韓民国国会において有意味な変化があったことを示唆する研究がある。女性クォータ制が導入されてから10年余り経過した今,国会における女性議員の割合は,30％にはとても及ばない17％に過ぎない。しかし,キム・ウォンホン/ユン・ドクギョン/チェ・ジョンウォン（2008）の研究によると,女性議員の割合が5.9％から13.0％へと2倍以上上昇した第17代国会では,歴代国会で最も多くの女性関連法案が提出され,成立した。また,女性議員が多く所属している常任委員会であるほど,女性関連法案の提出及び審議が多くなされているという。

このような傾向から考えると,一般的に女性の利益とされる保育政策が保健福祉部ではなく,女性部で策定されるようになったことは検討に値する。これにより,保育政策に関連した法改正が,主に男性のみで構成されていた保健福祉委員会ではなく,女性議員の割合がクリティカル・マスのレベルをはるかに上回る女性委員会で行われるようになったといえるからである。

韓国は,日本やアメリカと同様に,少数の所属議員によって法律案の主な内容が決まる可能性が高い「委員会中心主義」を採用していることから,保育政策の政治過程を対象としている本書において,保育政策を審議する常任委員会に占める女性議員の割合は,国会全体に占める女性議員の割合そのものより大きな意味を持つといえよう。

4　中間層のための保育政策

盧武鉉政権における保育政策の特徴

　前節で説明した通り，盧武鉉大統領は，女性という新たな支持基盤を形成するとともに，彼の強力な支持基盤であった若年層のニーズを充足させるために，金大中政権が踏み切ったジェンダーをめぐる制度改革の結果を利用して保育政策の拡充に乗り出した。

　具体的に，盧武鉉政権は金大中政権が設置した女性部に保育業務を移管することで，保育政策が女性部の中で最も高い優先順位を持つ政策として，女性の視点から策定できるようにした。また，保育関係予算を飛躍的に拡大することで，女性部の権限強化を図った。その結果，年金や医療などを所管していた保健福祉部全体予算では4％に過ぎなかった保育関係予算が，移管後，女性部全体予算の中では95％を占め，女性部の目玉政策となった。

　また，保育業務が女性部に移管されることで，国会で保育政策を審議する常任委員会も保健福祉委員会から女性部に対応した女性委員会に変更された。その結果，保育政策に女性の意見が反映されやすくなるという変化が生まれた。というのも，保健福祉委員会が所属委員15人のうち14人が男性で占められていた一方で，女性委員会は，委員14人のうち11人が女性であった。このような女性委員会の性別構成は，国会議員総選挙における女性クォータ制のさらなる拡大に伴って増加した女性議員の多くが自ら女性委員会配属を希望し，それが実現したためであった。

　このような背景から，盧武鉉大統領の任期中である第17代大韓民国国会（2004～2008）において，保育政策の根拠となる嬰幼児保育法の改正案は，計34件が提出された。5年間7件が出された金大中政権に比べると，5倍も増加し

第3章　革新政権の新しい政治

たのである。また，そのうち，議員提出案は29件であり，その中で女性議員による提出案はおよそ70％にも及ぶ20件であった。金大中政権の5年間，女性議員による提出案は1件もなかったことを考えると，保育政策を審議する常任委員会にクリティカル・マスとなる女性議員集団が生まれ，少なくとも法案提出という面では著しい変化を引き起こしたといえる。

盧武鉉政権における保育政策は，選別的な支援と普遍的な支援を同時に拡大することで，貧困層だけでなく中間層にも恩恵が及ぶようにするとともに，経済省庁が中心となって保育料自由化に代表される保育政策の合理化にも積極的に取り組んだという特徴を持つ。これについて，以下で紹介しよう。

親の所得による選別的支援策「差等保育料制度」

選別的な支援策である「差等保育料制度」とは，親の所得をいくつかに分類し，その分類ごとに保育料の一部（または，全額）を支援する制度である。

金大中政権においても貧困層を中心とする保育料の選別的支援は行われていたものの，保育料支援が受けられる対象者が全体の20.7％（全額7.7％，四割13.0％）に過ぎなかったため，女性団体は，差等保育料制度を導入することで支援対象の拡大を求めた（『聯合ニュース』2002年3月14日）。国会の女性委員会も「最小限の政府支援を原則とする現在の保育政策を全面的に見直す必要がある」として彼女らの主張を積極的に後押しした（『女性委員会会議録』2002年7月19日）。

このように，保育の社会化を求める声が高まる中で行われた2002年第16代大統領選挙で，盧武鉉候補が「保育料の50％を国家支援にする」という公約を打ち出すと（『毎日経済』2002年10月28日），女性団体は彼を積極的に支持した（『Oh My News』2002年11月17日）。

女性団体の期待を背負って盧武鉉が大統領に当選すると，保育料支援の拡大

を求める女性団体の動きはさらに活発化し，とりわけ，女聯は大統領職引き継ぎ委員会と懇談会を開いて差等保育料制度の導入を要求した（『東亜日報』2003年1月17日）。また，女聯など14の女性団体が集結した討論会では，「政府が支援する保育施設を利用する子どもの割合を2008年までに現在の34.4％から50％に引き上げなければならない」という主張がなされた（『聯合ニュース』2003年7月21日）。

彼女らに機敏に対応したのは，まだ保育政策の所管省庁であった保健福祉部ではなく，移管が予定される女性部であった。保育業務を保健福祉部から女性部に移管するという国務会議の決定に鼓舞された女性部は「保育発展基本計画」を発表し，世帯所得に応じて保育料支援を大幅に拡大することで，今後は中間層までを包括する方針を明らかにしたのである（『京響新聞』2003年11月3日）。

その後，保育料支援拡大は，常に不安定な盧武鉉政権の政治的危機を乗り越えるために女性や若年層の支持を動員しようとする政府・与党によって活発に展開されるようになった。

まず，盧武鉉政権が発足した当時の状況を説明しよう。盧武鉉政権は，野党のハンナラ党が国会で単独過半数を確保する分割政府として発足した。さらに，盧武鉉大統領は，就任翌日にハンナラ党の主導で成立した「対北送金特検法」に対して拒否権を行使しなかったことで，与党の多数を敵に回してしまった。この法案は，金大中元大統領が南北首脳会談の対価として北朝鮮に約2,000億ウォンを送金したという疑惑を捜査するために作成されたものであった。こうして野党だけでなく，与党からの支持も得られなくなった盧武鉉大統領は，国民からの支持も失い，1年の間に支持率は60％から20％にまで下落した（図表3-7参照）。

支持率下落の決定的原因は，韓国軍のイラク派遣決定であった。大統領選挙中，在韓米軍の犯罪行為に抗議するキャンドル集会が全国的に展開され，盧武[1]

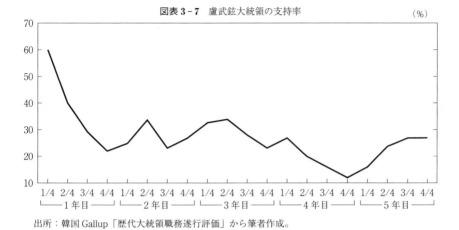

図表3-7 盧武鉉大統領の支持率

出所:韓国Gallup「歴代大統領職務遂行評価」から筆者作成。

鉉候補は,こうした動きに理解を示し,革新勢力の支持を集めて大統領に当選した。韓国軍のイラク派遣は,こうした盧武鉉の態度とは矛盾するものであったため,多くの支持者が離れた。また,それによって保守勢力を新たな支持者として獲得したわけでもなかった。

このような局面を打開するために,政府は国務会議を開き,保育料支援をさらに拡大することで,2008年までには都市部労働者の平均世帯所得の70%までを対象に含めることを骨子とする「参与福祉五ヶ年計画」を発表し(『Money Today』2004年1月20日),わずかながら支持率を回復させた。

一方,地域主義の打破を最大のスローガンとして掲げた盧武鉉大統領は,政治改革をめぐって与党内の対立が続くと,湖南地域を支持基盤としていた与党・民主党を離党し,新しい与党を立ち上げることを決断した。新党・開かれたウリ党(ウリ党)には,政治改革の必要性に共感する民主党からの離党者だけでなく,革新的なイデオロギーを持つハンナラ党からの離党者も加わり,47議席しか持たない少数与党が発足した。しかし,この動きは,想像を超えるほどの政治的ドラマを生むことになる。

盧武鉉大統領が第17代国会議員総選挙を2ヶ月後に控えて開かれた記者会見で，「国民が総選挙でウリ党を圧倒的に支持してくれることを期待する」，「大統領が何かをしてウリ党が票を得ることができるならば，合法的な全てのことをしたい」と発言すると（『聯合ニュース』2004年2月24日），公務員の選挙中立義務を定めた公職選挙法違反であるとの声が上がり，大きな論争を巻き起こしてしまう。
　その後の事態は，盧武鉉にとってまさに悪夢であった。2004年3月9日に野党共同で提出された「大統領弾劾訴追案」は，たった3日後の12日に開かれた国会（臨時会）第二次本会議において，過半数をはるかに超える195人の議員が出席する中，賛成193票，反対2票で可決されてしまった。直ちに大統領の全権限は停止され，高建（コ・ゴン）国務総理が大統領の職務を代行することになった。瞬く間に大統領弾劾という憲政初の事態が起こった背景には，今や野党に回った民主党の動きがあった。
　国会の大統領に対する弾劾訴追は，国民の意見を反映して決定されたものではなく，単に，国会内の「勢力争い」という性格が強かったため，国民の怒りを買った。弾劾に反対する韓国国民のキャンドル集会は全国に広がり，「弾劾訴追案の可決は，国民の意思を徹底的に無視した多数党の横暴だ」，「大統領の弾劾ではなく，国会を解散すべきだ」という強い抗議が生まれた（『聯合ニュース』2004年3月12日）。
　その最中に行われた第17代国会議員総選挙で，ウリ党は，299議席のうち152議席を得て圧勝した。他方，弾劾を主導した民主党は逆風を受けて59議席から9議席へと減少する惨敗を喫した。この総選挙は，韓国政治史上初めて，多数派工作による政界再編ではなく，選挙を通じて分割政府を解消したものであった。総選挙から1ヶ月ほど経った5月14日には，憲法裁判所が大統領弾劾訴追案を棄却し，盧武鉉大統領は業務に復帰した。

このように，史上初の大統領弾劾という危機を無事に乗り越えた盧武鉉政権であったが，せっかく得た権力基盤の安定を困難になっていた国民生活の改善ではなく，「政治改革」に利用したため，国民は失望し，再び支持率の下落を招く。そこで，青瓦台（大統領府）の「貧富格差差別是正委員会」は，「貧困の世襲を断ち切るための希望投資戦略」を発表し，貧困層に保育料を全額支援するだけでなく，都市部労働者の平均世帯所得を持つ世帯にまで保育料を一部支援することを発表した（『聯合ニュース』2004年7月1日）。

しかしながら，2005年4月に行われた国会議員・基礎団体長・広域議会議員を選ぶ補欠選挙において，ウリ党は1人の当選者も出せなかった。さらに，盧武鉉大統領は，地域主義を克服するための選挙制度改革を前提に，国務総理指名権・内閣構成権などをハンナラ党に移譲する大連立（grand coalition）を提案したが，ハンナラ党の拒否で挫折した。肝心な経済改革ではなく，政治改革にこだわり続ける盧武鉉政権に幻滅した韓国国民は，再び盧武鉉政権への支持を撤回した。

そこで政府・与党は，年内2度目となる補欠選挙を1ヶ月後に控えて，共同で会議を開き，保育料の支援対象を都市部労働者の平均世帯所得の130％以下の世帯まで拡大することを決定した（『聯合ニュース』2005年9月26日）。都市部労働者の平均世帯所得までを支援するとした前回の案に比べても，さらに寛大なものであった。にもかかわらず，ウリ党は，補欠選挙で再び1議席も得られなかった。

こうして安定した権力基盤を持たなかった盧武鉉政権において，保育料支援の対象を拡大するという政府の決定がなされたにもかかわらず，予算確保には長い時間を要した。そのため，実際に保育料支援を受けられるのは，依然として都市部労働者の平均世帯所得の70％以下に限られていた。ほとんどの場合共働きである働く女性の子どもは，所得基準を超えるという理由で支援対象から

外れてしまっていたわけである。そこで，女性部は差等保育料の拡大を通じて中間層にまで恩恵が及ぶようにするには，時間がかかり，限界があると考え，所得とは関係なく全ての0～2歳の子どもに利益が及ぶ普遍的な支援策である基本補助金を提供することにした（『女性家族委員会会議録』2006年6月27日）。

中間層のための普遍的支援策「基本補助金制度」

基本補助金制度を導入するという構想は，女性部が韓国租税研究院に依頼して算出した良質の保育サービスを提供するために必要な「標準保育費用」調査から始まった（『聯合ニュース』2005年5月6日）。調査の結果，標準保育費用は，政府の支援が少ない民間保育施設の場合，保育料として保護者から徴収していた額の2倍にも及ぶことが明らかになった。そこで，標準保育費用を全額賄えるように保育料を引き上げた場合でも保護者の負担は増えないように，標準保育費用と既存保育料との差額を政府が補助する案が「第二次育児支援政策」の中に「サービス改善費用」という名目で盛り込まれたのである。

当初，2005年5月に発表される予定であった第二次育児支援政策は，予算の確保が難しいことなどを理由に公表されることはなかった。しかし，そこに盛り込まれていた「サービス改善費用」は，国家が保育士の人件費の一部を補助する「基本補助金」として実現した（ペク・ソンヒ 2009：114）。具体的に，国公立保育施設に対しては，0～2歳児の場合，保育士の人件費の80％，3～5歳児の場合は30％を補助した。他方，民間保育施設に対しては，0～2歳児の場合に限って30％を補助していた。

ウリ党議員10人を委員として発足した「育児支援政策企画団」は，補欠選挙を1ヶ月後に控えて記者会見を開き，「民間保育施設のサービスレベルを向上させるために，基本補助金を支援しなければならない」と主張した（『Nocut News』2005年10月9日）。同日，政府とウリ党は，「低出産総合対策」を策定し

て詳細を検討していることを明らかにし，その中には民間保育施設のサービスレベルを向上させるための基本補助金に関する内容が盛り込まれる予定であると発表した（『聯合ニュース』2005年10月9日）。

しかし政府の具体案において，基本補助金の支援対象は女性家族部の所管する保育施設に限られており，教育人的資源部の所管である幼稚園は除外されていることが明らかになると，幼稚園業界は，大規模な抗議集会を予告するなど，強く反発した（『文化日報』2005年10月25日）。

これを受けて，ウリ党の池秉文（ジ・ビョンムン）第六政調委員長は，国会で開かれた会議で，「幼稚園問題への対策は立てずに，保育施設のみを支援するという方針は，党の要求がまともに反映された政策であるとは言い難い」とし，「幼稚園が差別されないようにする」と発言した（『聯合ニュース』2005年10月25日）。幼稚園業界が大規模な集会を開いて基本補助金の支援を促すと予告したのは，1週間後の11月2日であったが，ウリ党は，大規模抗議集会の情報を入手するや否や，機先を制して方針転換したのである（『聯合ニュース』2005年11月1日）。利益団体が本格的に政府に圧力をかける前に，選挙前日，彼らの要求を受け入れることを表明したことは，明らかに選挙を意識した動きであった。

一方，保育施設を利用している子どもは0～2歳児よりは3～5歳児の方が多かったにもかかわらず，基本補助金は0～2歳児を先に支援することになった。前述したM字カーブを解消するためであった（『女性家族委員会議録』2005年11月9日）。もちろん，出生率が史上最低の1.08まで落ち込むことで，少子化克服が国を挙げて取り組むべき喫緊の課題となったことで，出産を奨励しようという狙いもあった（『女性家族委員会議録』2006年11月16日）。

2006年2月8日，女性家族部は，2007年からは基本補助金制度を3～5歳児にも拡大する計画を発表する（『国民日報』2006年2月8日）。しかし，基本補助金の対象を3～5歳児にまで広げると，政府は財政的に大きな負担を抱えるこ

とになる。そこで，政府は，保育料自由化という名目で保育政策の合理化を図った。

「保育料自由化」をめぐる非難回避の政治と挫折

　前述のように，貧困層のための選別的支援策と中間層のための普遍的支援策を同時に展開した結果，保育関係予算は一気に急増した。もちろん大統領が政権を安定的に運営するためには，福祉拡充による支持率の向上だけでなく，財政健全化も重要である。そこで，経済省庁が中心となって，政府の財政負担を軽減するために保育政策の合理化を図った。政府の規制を受けない代わりに政府の支援も受けない民間保育施設を一部認めることで，保育料を自由化しようとした金大中政権の試みが復活したのである。

　保育料自由化に関する議論を進めるためには，保育施設に課されていた保育料規制について説明しておく必要がある。1991年嬰幼児保育法が制定されてから，韓国における保育政策の基本原則は，できるだけ多くの子どもに平等な公的保育を提供することであった。しかし，より多くの公共保育施設を建てることは費用の面だけでなく，民間保育施設からの反対もあり，容易ではなかった。そこで，平等という原則は，公共保育施設の新設ではなく，保育施設が利用者から徴収できる保育料に上限を設けることで守られた（Kim and Kim 2014：109）。

　しかし，盧武鉉政権の発足直後に発表された「新政権経済運用方向」では，「より多くの女性が育児負担から解放されて労働市場に参加できるようにするために，保育料自由化を推進する」とし，「質の高い民間保育施設は，保育料を自律的に策定できるようにする」方針が盛り込まれた（『聯合ニュース』2003年3月27日）。その結果，金大中政権の末期に提案されたものの，挫折した保育料自由化に関する議論が再燃した。

保育料自由化は，平等原則に反する不人気な政策であったため，非難回避の政治が展開された。例えば，政府は，「保育」をコンサルティング・医療・教育などとともに20余りの「育成すべきサービス分野」の1つに指定し（『世界日報』2005年3月9日），競争力を強化するためには保育料を自由化すべきであると主張した（『聯合ニュース』2004年4月29日）。要するに，不人気な政策にポジティブな意味付けを与える「争点の再定式化」を試みたのである（Weaver 1986：386；新川 2005：257）。しかし，財政経済部以外の関係省庁は，政府の方針に反対する立場であった。

　そこで，今度は，非難回避の戦略を変えて，不人気な政策とともに代償政策を展開する（Weaver 1986：386；新川 2005：257）。「低所得世帯には保育料支援をさらに増やす」，その代わりに「一部の民間保育施設には保育料の自由化を認める」。つまり，低所得世帯への保育料支援と保育料自由化をカップリングしようとしたのである（『毎日経済』2004年10月8日）。

　これに対して，女性部は，当初「保育の公共性を損ねる恐れがある」として保育料自由化に反対する立場であった（『聯合ニュース』2004年4月29日）。女性部は女性の視点から女性の利益となる政策を策定する省庁として女性の利益を効果的に防御したのである。しかし，それから1年後，女性部から名称変更となった女性家族部は「保育料の上限を一部撤廃すべきである」と立場を変える。大統領直属の諮問機関である「高齢化及び未来社会委員会」と女性家族部が政策協議を経て盧武鉉大統領に報告した「第二次育児支援政策」には，「差別化された高級サービスを要求する需要層が存在する」ので「保育施設と幼稚園が保育料と教育費を自律的に策定できるようにする」ことが盛り込まれていたのである（『ハンギョレ』2005年6月10日）。

　女性家族部が保育料自由化の反対から賛成へと立場を変えた背景として，以下の2点が考えられる。いざ保育業務が女性部に移管されると，予算に対する

責任も生まれることで，一貫して女性団体の利益を代表できず，他の省庁との利害調整や全体の立場を考慮せざるをえなくなったのである。次に，女性部は，関係省庁の猛烈な反対にもかかわらず，大統領からの強い支持によって，保育業務に続き家族業務まで移管され，女性家族部へと組織が拡大したことから，政府の方針に逆らい続けることはできなかったと考えられる。

女性団体は，女性家族部の新しい立場に強く反発し，記者会見や声明，討論会などを通じて保育料自由化にストップをかけようとした（『聯合ニュース』2005年6月14日）。具体的には，女性団体は保育団体と連携して「女性部保育政策一年評価討論会」を開き，保育料の自由化問題への女性家族部の対応を糾弾した。例えば，女聯の南仁順（ナム・インスン）代表は，「2002年から経済省庁を中心に保育料の上限廃止の要求があったが，女性部が先頭に立ってよく防御してきた」と語った（『Pressian』2005年6月15日）。要するに，前長官の時代には，女性部が経済省庁の保育料自由化という声を抑えてきたのに，新しい長官が就任してから，妥協していることを暗に批判したのである。

こうして非難が高まると，女性家族部の保育企画課長は，「保育料自由化は現在決定されたことではなく，中長期保育計画策定のために関係省庁が協議中である」と譲歩した（『Pressian』2005年6月15日）。その後，財政経済部と企画予算処は2005年7月6日に発表した「下半期経済運用方案」に「一部高所得層が利用する保育施設に対する価格上限を廃止すべきだ」という内容を盛り込もうとしたが，女性家族部の反対で保留となった（『東亜日報』2005年7月19日）。女性家族部は，女性団体の強い反発に遭って再び立場を変えたのである。

しかし，サービス分野における民営化を積極的に推進しようとする盧武鉉大統領の方針に同調していた経済省庁が，保育料自由化をあきらめたわけではなかった。2005年10月4日，財政経済部に対する国会・財政経済委員会の国政監査で，韓德銖（ハン・ドクス）副総理兼財政経済部長官が「保育料自由化は関

係省庁との協議で，ある程度合意されている」と発言したのである。

　これに対して，保育政策を審議する女性家族委員会が効果的にストップをかける。代表的な保守政党である野党・ハンナラ党は，基本的に保育料自由化に賛成する立場であった。そのため，1人を除く野党議員全員が保育料自由化に反対せず，沈黙した。しかし与党議員は，言を左右にする女性家族部に圧力をかけることで，保育料自由化の阻止を図った。前述の通り，当時盧武鉉大統領のリーダーシップは極めて弱いものであったからである。

　具体的に，女性家族委員会に所属する与党議員らは，女性家族部に対する国政監査で，張夏眞（チャン・ハジン）女性家族部長官から「保育料自由化には明確に反対する」という態度を引き出した。それだけでなく，保育の社会化は「盧武鉉政権の基本的な立場」であり，「女性議員らの合意事項」でもあるとして，保育料自由化のための嬰幼児保育法の改正は一切行わないという立場を明らかにした（『女性家族委員会会議録』2005年10月8日）。

　しかし，保育料を自由化しようとする経済省庁の態度はなおも変わらなかった。同年12月8日，朴炳元（パク・ビョンウォン）財政経済部次官が「保育料自由化は，公保育の機能を大幅に強化しながら，政府の保育料支援を受けない保育施設については，保育料の上限を撤廃する」ということが関係省庁の間で合意されていると，再び保育料自由化を進める考えを明らかにしたのである。また，財政経済部は言を左右にする女性家族部を批判しながら保育料自由化を進めるよう圧力をかけた（『e-daily』2005年12月13日）。

　すると，女性家族部は，またしても態度がぶれる。0～2歳児を対象として導入された基本補助金を3～5歳児にも拡大する案を前向きに検討しているとして，基本補助金制度の拡大に取り組む姿勢を改めて強調した上で，「保育料において価格規制を受けない例外施設を一部許可することを検討する」ことを提案したのである（『聯合ニュース』2006年2月16日）。

このような女性家族部の動きに対して，女性家族委員会は再び歯止めをかけた。女性家族委員会の与党議員は，「保育料自由化」という言葉を「例外保育施設の一部許可」に変えて実現しようとする女性家族部を厳しく批判した。そのため，保育料自由化の代償として提案された基本補助金拡大という戦略も失敗に終わった（『女性家族委員会会議録』2006年2月20日）。

　3日後には，青瓦台も「信頼して預けられる保育施設が少ないという問題を解決するために，保育料上限を撤廃しなければならない」という国政ブリーフィング（国民に対する政府の政策広報）を行い反撃に出たが（『大韓民国政策フォーラム』2006年2月23日），女性家族委員会が強硬な姿勢を崩さなかったため，保育料自由化は結局挫折した。

　盧武鉉大統領の「新しい政治」が国民生活を改善するための経済改革ではなく，イデオロギー対立にこだわる政治改革を中心に展開されると，国民は盧武鉉政権への支持を撤回した。さらに，権力基盤が非常に弱かった盧武鉉政権は，各種選挙を控えて，女性と若年層の支持を取り戻すために，保育政策の拡充に乗り出した。その過程で，前任の金大中政権で新設された女性（家族）部が利用された。政府組織を再編できる大統領権限を利用し，巨大省庁である保健福祉部で常に後回しにされていた保育業務を小規模省庁の女性部に移管することで，所管省庁で最も優先順位の高い政策として推進されるようにしたのである。他方で，財政負担が一気に増えると，保育料自由化という名目で合理化が図られた。しかし，野党議員が大手を振って賛成はしなかったものの，反対もせず沈黙した一方，大統領のリーダーシップが弱い中で，与党議員が積極的に阻止する動きに出たため，保育料自由化という政府の試みは頓挫した。

注

(1) 2002年6月13日，京畿道の地方道路で在韓米軍の装甲車にひかれて2人の女子中学生が死亡する事件が発生すると，在韓米軍を糾弾する世論が高まった。その後，加害者らに無罪評決が言い渡されると，ブッシュ大統領の謝罪と在韓米軍地位協定（SOFA）の改正を求める大規模な反米集会が全国各地で開かれるようになった。

第4章
保守政権の復帰

1 「失われた10年」と経済大統領・李明博

10年間の革新政権に対する保守の評価

「失われた10年」は2002年第16代大統領選挙で再び敗北を喫した保守勢力が政権交代のために打ち出した選挙戦略であった。革新政権による10年間をバブル崩壊後10年間続いた日本の経済不況に例えて韓国の失われた10年であると宣伝したのである。保守系の最大野党・ハンナラ党は，「左派政権を終息させ，失われた10年を取り戻し，大韓民国の正統性を回復することは，時代精神であり，国民の熱望である」と主張しながら，失われた10年の弊害を克服するためには，政権交代を果たさなければならないと有権者に訴えた（キム・ヨンウク 2011：100）。

失われた10年は具体的に何を意味していたのか。ハンナラ党が公式サイトに掲載した「失われた10年申告リスト」には，以下のような項目が含まれていた。① 二極化と国民絶望感，② 国民生活苦，③ 不動産価格急騰，④ 公教育崩壊，⑤ 失業率の増加，⑥ 財政破綻と福祉死角地帯，⑦ マスコミ既得権，⑧ 無能力な政府，⑨ 北朝鮮への一方的な支援と理念葛藤，⑩ 憲法蹂躙と法治喪失などが，失われた10年間革新政権が犯した「失政」であると批判されたのである

(キム・ヨンウク　2011：107)。

　特に，ハンナラ党が掲げた「市場経済を死守する」というスローガンは，政権交代を果たして守るべき重要な価値として認識されるようになった（キム・ヨンウク　2011：101)。保守系新聞の代表格とされる三大新聞（朝鮮日報・中央日報・東亜日報）のシェア削減などを骨子とする言論関係法の改正に乗り出した盧武鉉政権に対して，朴槿恵ハンナラ党代表が「市場経済を否定するような政策や法案は即刻中断しなければならない」と主張し（『e-daily』2004年10月27日），革新政権こそが市場経済を否定することで国家経済を危機に追い込んだ主犯格であるとの印象を強めたのである。

　それだけでなく，ハンナラ党は，金大中政権の対北朝鮮融和路線である「太陽政策」や引き続き開催された南北首脳会談を北朝鮮への巨額の支援金とともに批判的に取り上げることで，韓国社会に根強い安全保障をめぐるイデオロギー対立を煽った。保守勢力は，革新政権は「左派」であるため「親北」に違いないと主張した。これ以上国の安全保障を「親北左派」に任せることはできないので，保守が政権に復帰して国を守らなければならないと訴えた。

　ハンナラ党のこのような戦略は，回復しつつあった株価などマクロな経済指標とは裏腹に生活苦を感じていた国民から大きな支持を得た。1997年7.0%であった失業率は，2003年3.6%，2007年には3.2%へと大きく下落したものの，1997年8.7%であった中位所得の50%未満世帯の割合を示す相対的貧困率は，1998年11.4%に上昇し，革新政権の最終年度である2007年にはさらに14.9%へと上昇しただけでなく（図表4-1参照），所得格差を示すジニ係数も大きく悪化していたのである。貧困や不平等，二極化などが進行する中で，韓国経済を立て直すことができる唯一の選択肢は，ハンナラ党になっていた。ハンナラ党は，わずか10年前に経済危機を招いた張本人であったが。

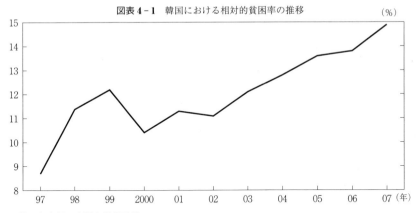

図表 4-1 韓国における相対的貧困率の推移

注：都市部 2 人以上世帯基準。
出所：統計庁「家計動向調査」から筆者作成。

CEO 型リーダーシップ

　第17代大統領選挙を控えて，ハンナラ党内で大統領候補として有力視されていたのは，各種選挙で野党であるハンナラ党を党首として何度も勝利に導いた「選挙の女王」朴槿恵であった。彼女は韓国の高度経済成長期の好景気を懐かしむ高齢者やハンナラ党の地域的な支持基盤である嶺南地域からの支持を一身に受けていた。しかし，失われた10年という言説が力を得ていく中で行われたハンナラ党の大統領候補を選ぶ予備選挙では，現代財閥の系列である現代建設のトップとソウル市長時代からの実績を誇る李明博が選ばれた。彼は，「CEO 型リーダーシップ」を提唱していた。

　経済格差が広がっていく中で，経済改革ではなく政治改革に固執する盧武鉉政権の新しい政治に失望した韓国国民は，経済再生，とりわけ深刻化していた経済格差を解消してくれる人物を次期大統領として求めていた。そこで，与党・大統合民主新党の鄭東泳候補は，豊かな20％から貧しい80％への所得移転を解決策として提案した。他方，ハンナラ党の李明博候補は，経済成長でパイ

朝鮮半島大運河構想をアピールする李明博大統領

自ら経済大統領を標榜していた李明博大統領は，大規模な公共事業である「朝鮮半島大運河構想」の必要性を懸命にアピールした。

出所：https://news.naver.com/main/read.nhn?mode=LSD&mid=sec&sid1=100&oid=001&aid=0001466088

を拡大することで経済格差を解消したい考えを明らかにした（大西 2014：236-237）。

李明博候補は，「747計画」と「朝鮮半島大運河構想」を経済再生のための目玉公約として掲げた。747計画とは，経済改革を通じて年平均7％の経済成長率と1人当たり4万ドルの国民所得を達成し，世界7大経済大国へと跳躍するという野心的なものであった。そうした目標を達成するための方策としては，規制緩和や減税による民間部門の活性化が掲げられた。それは，企業の投資拡大を図るために法人税率を引き下げる一方，財閥に対する規制を大幅に緩和することで「富める者が富めば，貧しい者にも自然に富が滴り落ちる」というトリクルダウン効果（trickle-down effect）を期待するものであった（渡辺 2008：35）。

それに対して，朝鮮半島大運河構想とは，物流の活性化や周辺流域の開発などを目的として，朝鮮半島の南北を縦断する運河を民間主導で建設するという大規模な公共事業であった。李明博候補は，この構想が実現すると，地域経済活性化と30万の雇用創出につながるとした（『京響新聞』2007年5月29日）。

このように経済問題が中心になった第17代大統領選挙における韓国国民の選択は，減税や規制緩和，大規模な公共事業を通じて経済再生を約束した経済大統領・李明博であった。李明博候補は26.1％を得た2位の鄭東泳候補より22ポイントも高い48.7％という得票率で圧倒的な勝利を収めた。渡辺（2008）は，

彼を圧勝に導いた最大の要因として以下の2点を挙げている。

　まず，李明博候補の経済政策を中心とした実利主義的な行動力に対して国民の期待感が高まっていたことである。とりわけ，盧武鉉政権の支持基盤であった若年層を中心に広がった雇用不安や非正規化の進行，所得格差の拡大などは，国民をして革新派への支持を撤回させただけでなく，経済再生を実現してくれる保守政権の復帰を切実に願う社会的な雰囲気さえ生み出した（渡辺 2008：34）。

　次に，盧武鉉政権が国民の念願であった経済改革ではなく，既得権叩きなど政治改革に過度に没頭したことへの批判がある。盧武鉉政権に失望した国民が革新派への支持を撤回すると，革新勢力は離合集散と新党結成を繰り返し，支持率トップの李明博候補に対抗する統一候補を立てることができず，完敗してしまったのである（渡辺 2008：32-34）。

　保守政権が復帰した第17代大統領選挙は，以下の2点からこれまでの大統領選挙とは違っていた。第一に，今回の選挙は，保守勢力の勝利というよりは革新勢力の失敗だったということである。その根拠としては，際立って低かった投票率を挙げることができる。62.9％という投票率は，史上最低の投票率を記録した前回の第16代大統領選挙よりも7.9ポイントも低いものであった。もはや革新派を支持できなくなった有権者の多くは棄権するか，次善の策として消極的に李明博候補に票を投じたのである。

　第二に，これまでの大統領選挙を規定してきた地域間対立はもちろん世代間対立も現れなかったということである。朝鮮半島の南東部と南西部が完全に分かれた前々回と前回の選挙結果とは違って，李明博候補は湖南地域を除く13の市道で最多得票することで，歴代大統領のうち最も多くの地域で勝利した（図表4-2・4-3参照）。また，保守派を支持する高齢者と革新派を支持する若年層がはっきり分かれた前回の選挙結果とは違って，李明博候補は全ての年齢層から最も多くの票を獲得した。

図表4-2　第17代大統領選挙における地域別得票率　　　　　　　　　　（％）

	全体	首都圏				忠　清			嶺　南					湖　南			済州
		ソウル	京畿	仁川	江原	大田	忠北	忠南	釜山	大邱	蔚山	慶北	慶南	光州	全北	全南	
李明博	48.7	53.2	51.9	49.2	52.0	36.3	41.6	34.3	57.9	69.4	54.0	72.6	55.0	8.59	9.0	9.2	38.7
鄭東泳	26.1	24.5	23.6	23.8	18.9	23.6	23.8	21.1	13.5	6.0	13.6	6.8	12.4	79.8	81.6	78.7	32.7
李会昌	15.1	11.8	13.4	15.2	17.6	28.9	23.4	33.2	19.7	18.1	17.5	13.7	21.5	3.4	3.6	3.6	15.0

出所：中央選挙管理委員会編（2008）『第17代大統領選挙総覧』から筆者作成。

図表4-3　第17代大統領選挙における各候補別優勢地域

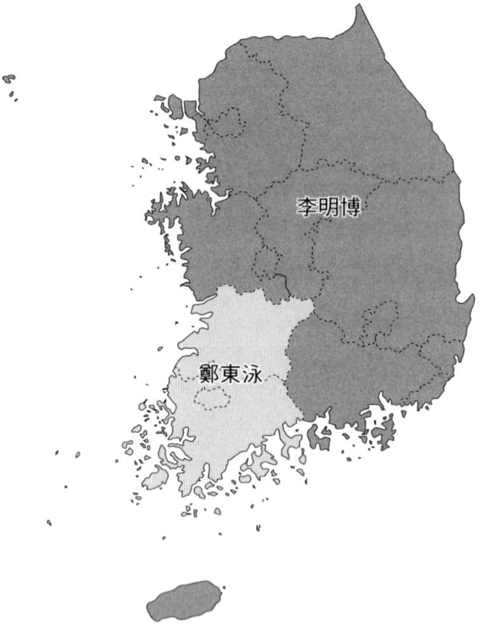

出所：韓国ウィキペディア。

2　国民は自立せよ，能動的福祉

世界金融危機の影響

　アメリカから始まった世界金融危機の影響で，2007年5.5％であった韓国の経済成長率は，2008年2.8％に下落してから，2009年にはアジア通貨危機以降最低の0.7％を記録した（図表4-4参照）。このような数値は韓国とグローバル競争を繰り広げているアジア諸国のうち最も低いものであったため，李明博政権は，「ビジネス・フレンドリー（business friendly）」な環境作りを通じて経済不況を打開し，経済成長を実現することを宣言した（安倍　2013：23）。

　ビジネス・フレンドリーな環境作りは，以下のように具体化された。まず，法人税をさらに引き下げた。盧武鉉政権で27％から25％に引き下げられた法人税を，李明博政権はさらに22％まで引き下げたのである。次に，公正取引法を改正した。その結果，財閥グループの系列企業が保有できる他企業の株式を制限する「出資総額制限制度」が廃止されることで，財閥企業は自由に事業を展開することができるようになった。また，純粋持株会社の設立要件を緩和することで，企業の自由な事業活動を保障した（安倍　2013：23）。

　李明博大統領がいかにビジネス・フレンドリーであったのかは，以下の事例からも確認できる。彼は当選後，最初の公式訪問先として全国経済人連合会（全経連）を訪れ，企業側と面談した。大手企業の会長らに投資拡大を要請する一方，その代わりに規制緩和と減税を約束したのである。前述した747計画を達成するためには，大手企業の協力が欠かせなかったためである。さらに，李明博政権は，規制緩和や減税だけでなく，民営化，市場原理による競争，労働市場の柔軟化，社会福祉の縮小または市場化などを基本原則として国政運営を行った（キム・インヨン　2011：80-82）。

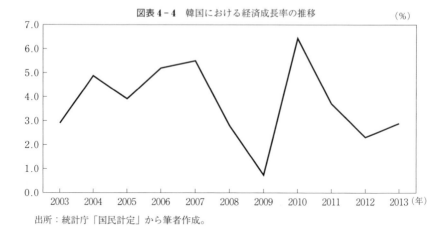

図表 4-4　韓国における経済成長率の推移

出所：統計庁「国民計定」から筆者作成。

　2008年に発生した世界金融危機が李明博政権の基本原則に及ぼした影響を以下の2つにまとめることができる。まず，世界金融危機は，前述した李明博政権の新自由主義的な基本原則に正当性を与えた。例えば，李明博政権は「世紀的危機を先進一流国家への跳躍のチャンスにする」というタイトルで「2009年経済運用方向」を発表した。同計画は「景気回復」，「持続成長」，「長期成長」を政策目標としていた。とりわけ，持続成長を達成するための方策としては，「規制の最小化」，「税率の最低化」，「政府効率10％向上」などが提案された。世界金融危機の影響から抜け出すためには，大手企業の投資や協力が切実であったため，新自由主義的な基本原則が正当化されたのである。

　次に，李明博政権は，国政運営において前述の新自由主義的な基本原則は維持しつつ，国民生活を重視する視点を取り入れた。その背景として，2009年半ば以降，経済危機はある程度克服されたにもかかわらず，庶民が肌で感じる体感景気は冷え込んだままであったことを指摘することができる。そこで，李明博大統領は，2009年8月15日光復節の祝辞で「庶民を暖かく，中間層を厚く」という政策基調を明らかにしたのである（『聯合ニュース』2009年8月15日）。

第4章　保守政権の復帰

　しかし，李明博政権は，庶民生活を支援するために，社会保障の制度化ではなく，一時的な支援策に集中した。要するに，ターゲットを設定して短期的な雇用支援と現金給付を行ったのである。例えば，雇用創出のためには，「希望勤労」，「青年インターン制度」などの期間制雇用を増やした。また，貧困層のためには，「限時生計保護制度」，「緊急支援制度」の資格基準緩和などで一時的に現金を給付した（ジョン・ビョンユ 2011：23）。このように，李明博政権が社会保障の制度化より時限的な支援策を優先した理由は，国民の自立を促す「能動的福祉」という福祉理念の下で，社会保障改革が推し進められたためであった。

能動的福祉という福祉理念
　革新政権の10年間を失われた10年と規定した保守政党は，革新政権が行った社会保障改革は経済成長を阻害する単なるバラマキであったと批判した。そのため，保守政権は「能動的福祉」という福祉理念の下で社会保障改革の方向をさらに新自由主義的な路線に転換しようとした（大西 2014：201）。
　能動的福祉が何を意味していたのかについては，李明博大統領が就任式で行った演説から理解できる。彼は，「誰もが人間らしい生活を送り，皆が健康で快適な社会にしなければならない。助けが切実に必要な人は国が助けなければならない」と述べた。前半は普遍主義的な言名であるが，後半では彼の福祉に対する選別主義的な考え方を明らかにしている。また，「恩恵的・事後的な福祉は解決にならない。能動的・予防的な福祉でなければならない」と述べ，国が事後的に既に困難な状況に陥っている人たちに福祉を提供するのではなく，困難な状況に陥らないように事前に「予防」することに重点を置き，その予防的な福祉に本人が「能動的に（積極的に）」参加することを促した（『東亜日報』2008年2月26日）。

保健福祉家族部が作成した「仕事・機会・配慮のための能動的福祉2008年実践計画」によると，能動的福祉の定義は，「貧困や疾病など社会的リスクを事前に予防し，リスクに晒された人々が仕事を通じて再起することを助け，経済成長とともにする福祉」となっている。また，能動的福祉は，①生涯福祉セーフティネット拡充，②経済成長とともにする保健・福祉，③未来に備える家族政策，④国民の健康と安全保障を目標としていた（キム・スンヨン 2011：129）。そこで，能動的福祉は，「経済成長とともにする福祉」を前提として，「仕事による福祉」という方法を通じて，福祉の提供は「政府と民間が互いに協力する」ことを中心に具体化された。

　能動的福祉の具体化
　能動的福祉が「経済成長」を前提としていたという点から検討しよう。自ら「経済大統領」を標榜していた李明博大統領は，当選前，「次の任期中に国民所得3万ドルを達成できれば，地域間・世代間・理念間の対立を解消することができる」と発言した（『Oh My News』2011年2月22日）。また，就任演説では「経済再生が何よりも至急だ。税金も下げなければならない」と主張した（『東亜日報』2008年2月26日）。減税をすれば，消費と投資，それから雇用が増え，庶民の生活も良くなるというトリクルダウン効果の信奉者として知られていた李明博大統領は，経済成長をありとあらゆる問題を解決できる「万能薬」と考えていたのである（『Pressian』2007年12月21日）。
　ところで，革新政権においても経済成長の重要性は十分に認識されていた。例えば，金大中政権は「成長と分配のバランス」を強調し，盧武鉉政権は「成長と分配の同時成長」を重視した（キム・スンヨン 2011：135）。しかし，革新政権は経済成長よりは社会保障改革を通じて所得を再分配することに焦点を当てていた点から李明博政権とは違っていた。

次に，保健福祉家族部は，「仕事による福祉」を「ワーキングプア・高齢者・障害者など社会的弱者に，単なる所得移転より仕事を優先して提供することである」と定義している（キム・スンヨン 2011：132）。そのため，李明博政権は国内雇用を増やす一方，海外就職を斡旋することで，仕事に就く若年層の数を増やした。このように，働ける人には福祉の提供を通じて自立させ，再び労働市場に送り返す「再商品化」を目指した。

ただし，その内容は，1970年代に行われた日本の失業対策事業に似ていた。要するに，失業者に与えられた仕事は，安定した長期雇用ではなく，不安定で短期的な臨時職に過ぎなかったのである。そのため，仕事による能動的福祉は，福祉を市場中心に再編し，経済政策に従属させるものであるという批判を引き起こした。さらに，アメリカ産牛肉輸入再開に触発された全国規模のキャンドル集会や石油価格の上昇，世界金融危機が重なると，李明博政権は政策転換を余儀なくされた（大西 2014：202-207）。

最後に，「小さな政府・大きな市場」を目指した李明博大統領は，福祉の提供において，「必ずしも政府がすべきことではないものは，民間に移譲する。公共部門にも競争を取り入れる」としながら，民営化を積極的に推進することを宣言した（『東亜日報』2008年2月26日）。このような李明博大統領の発言は，国家の役割よりも民間の役割を強調することで，民営化による国家責任の最小化につながりかねないとして幾多の批判を呼び起こした。しかし，福祉の提供における民間の役割を増大させることは，盧武鉉政権においても重要な政策課題として既に提案されたことがあった（キム・スンヨン 2011：136-137）。

例えば，健康保険の保障範囲拡大や公共医療の拡大を公約として掲げた盧武鉉政権も，国務会議で「(外国人投資企業の経営環境を改善するために助成された)経済自由区域内に海外の営利病院の設立を許可し，内国人の診療を認める」ことを議決したことがあった（『Pressian』2004年11月22日）。そのため，李明博政権

が「保健医療産業を未来戦略産業として育成し，医療産業の活性化に障害となる各種の規制を撤廃する」ことを提案する一方（『Money Today』2007年12月20日），全ての病院を健康保険指定医療機関として指定して国が医療費を統制する「当然指定制」を廃止することで，営利を目的とする病院の許可や民営医療保険の拡大を試みたことは，保守政権の復帰による変化であったとは言い難い。

能動的福祉における保育政策の位置付け

李明博政権は盧武鉉政権時代の参与福祉の一環として拡充された保育政策の方向性を継承するとともに，能動的福祉というスローガンに合わせて修正を加えようとした。要するに，保育政策を拡充しながらも，市場主義的な要素を取り入れようとしたのである（キム・ウォンソブ/ナム・ユンチョル 2011：135）。そこで，李明博政権は，保育料支援をさらに拡大するとともに，保育施設を利用しない子どものために養育手当を給付する一方，保育政策を「需要者（利用者）中心」に再編しようとした。

まず，李明博大統領は，「子どもと母親のためのマニフェスト（Mom & Baby Plan）」を発表し，出産から就学に至るまで全ての過程を国が支援することを約束した。とりわけ，2012年までに全ての0〜5歳児を対象に保育料を支援するという方針を明らかにした（『ソウル新聞』2010年3月20日）。こうした保育料の支援拡大は，2007年50.1％であった女性の労働力参加率を2012年には60％水準にまで引き上げるための方策でもあった（『東亜日報』2008年1月1日）。

ところで，女性の就労は脱家族化を前提としているため，市場に安価なケア労働力が存在しない限り，国による保育の社会化が不可欠となる。しかし，同プランでは子どもが保育施設を利用しない場合には「養育手当」を給付するとしている。このようなプログラムは，女性が家庭でケア労働に専念すること，すなわち，再家族化をもたらす恐れがあるため（辻 2012：22-24），女性の就労

第4章　保守政権の復帰

を奨励するという前述の目標とは必ずしも相容れない。このように矛盾した内容が同時に盛り込まれているところに，李明博政権における保育政策が十分な時間をかけて策定されたものではないことが露呈している。

　また，李明博政権は，需要者中心に保育政策を再編することを主要課題としていた。需要者中心という言葉は，盧武鉉政権においても使われたが，意味するところは違っていた。盧武鉉政権では，需要者（利用者）のニーズに合わせて，保育サービスを多様化するという意味を持っていた。例えば，夜遅くまで働いている母親のためには時間延長型保育と放課後保育を提供し，就職活動をしている母親のためには，時間制で子どもを預けられる保育施設を充実させるという意味であった。

　しかし，李明博政権において，需要者中心とは，保育政策の対象として保育サービスの「供給者」である保育施設ではなく，「需要者」である子どもに焦点を合わせることを意味した。つまり，保育施設に直接支援していた保育料を子ども（保護者）に給付することで，政府から金額で「いくら」に相当する支援を受けているのか有権者である保護者（親）に体感してもらおうとしたのである。

3　ジェンダー，保守への回帰

女性家族部の廃止危機

　革新政権は，女性の利益となる政策を専門的に取り扱う女性部（2005年6月から女性家族部に拡大再編）を設置し，予算や業務拡大を通じて権限をさらに強化することで，女性からの支持動員を図った。女性部には同省の設置を強く求めてきた女性団体だけでなく，一般の女性有権者からも大きな期待が寄せられていた。しかし，同省の目玉政策であった保育政策を策定していく過程で，明確な方針を提示できず，経済省庁と女性団体との間で揺れ動き，支持者たちの

失望を買ってしまった。その結果，女性家族部は，第17代大統領選挙を6ヶ月後に控えて実施されたアンケート調査で，「役割と機能を大幅に縮小または廃止すべき組織」として国政広報処に続いて第2位に挙げられた（『文化日報』2007年6月12日）。

　小さな政府を公約として掲げていた李明博候補が大統領に当選すると，女性家族部は存廃の危機に直面した。省庁など政府組織の再編を決定する大統領職引き継ぎ委員会の委員を選ぶ人選過程で，女性家族部は排除されたのである（『聯合ニュース』2007年12月30日）。通常，各省庁から委員を選ぶ慣例からすると，異例の措置であったため，効率性を重視する李明博政権が他の省庁と機能が重複する女性家族部を保健福祉部に統廃合するということが見込まれた。

　これを受けて，女聯や韓国女性民友会など7つの女性団体は連帯し，李明博大統領当選人が候補時代に「女性の人権を保護するためにはジェンダー平等に専門的に取り組む省庁の機能強化が必要である」とした約束を守るべきであると強く抗議した（『聯合ニュース』2008年1月4日）。また，女性団体は女性議員らとともに国会で記者会見を開き，「女性家族部が保健福祉部に統廃合されると，実質的にジェンダー平等政策を総括できる推進組織がなくなる」として女性家族部の存置を訴えた（『聯合ニュース』2008年1月8日）。

　にもかかわらず，大統領職引き継ぎ委員会は，統一部・海洋水産部・情報通信部・女性家族部・科学技術部を統廃合することで，政府組織を現行の18部4処から13部2処に縮小調整するという政府組織改編案を確定した。これに対して，女聯が記者会見を開いて抗議しただけでなく，与党系を再編して院内第一党となった大統合民主新党も，「李明博政権は未来志向的な先端省庁をなくすことで過去に回帰しようとしている」として強く反発した（『聯合ニュース』2008年1月16日）。

　このような反対に対して，李明博大統領当選人は経済論理で反論した。つま

り,「(韓国は) 女性部を置くレベルを超えた。1人当たりの国民所得が2万ドルを超えているので，女性の権益は迅速に発展している」，「企業の観点からすれば，女性部は福祉部に合併されることでより強くなるのではないか」と語ったのである (『聯合ニュース』2008年1月18日)。女性の権益増進を語る上で，国民所得が高くなっていることを根拠として挙げ，政府組織を企業に例えて統廃合と合併を同一線上で語るなど，「経済大統領」らしい発言ではあったが，全く説得力を持たなかった。

その後，政府組織改編案への反発はさらに強まり，30余りの女性団体は「女性家族部の存置を促す集まり」を発足させ，記者会見を開く一方，署名運動を展開した。また，前職・現職女性長官ら8人は「女性部廃止の撤回」を求める声明を発表した (『聯合ニュース』2008年1月22日)。さらに，女性団体は女性議員を対象に女性家族部の廃止の是非を問うアンケート調査を行い，その結果を公表した。大統合民主新党では18人のうち17人が廃止に反対したものの，ハンナラ党では16人のうち4人のみが反対の意思を明らかにしていた。また，国会で改正案に反対票を投じるよう議員を説得した (『ハンギョレ』2008年1月24日)。

女性団体の抵抗が活発化すると，新しいアクターもこれに加わった。通常引き継ぎの際，去っていく大統領は新大統領のアイディアに表だって反対しないが，盧武鉉大統領は記者会見を開き，政府組織法の改正案に盛り込まれている省庁の統廃合内容について強く批判した上で，同法案に対して拒否権を行使する可能性を示唆した (『聯合ニュース』2008年1月28日)。また，地方議会の女性議員も声明を出し，女性部の廃止案を撤回するよう促した (『聯合ニュース』2008年1月30日)。さらには，女性家族部の統廃合に反対する各界各層の男性100名が記者会見を開き，「女性家族部は男性と女性，全国民のために必ず必要な省庁であり，子どもたちの未来のために存置されなければならない」と主張した (『聯合ニュース』2008年2月14日)。

一方，国会の女性家族委員会の野党議員らは，女性家族部が統廃合されると，それに伴い国会の女性家族委員会も存続できなくなることを指摘し，女性政策について集中的に議論できる唯一の場を失うことで，女性政策が大きく後退しかねないことに対して懸念を示した（『女性家族委員会会議録』2008年1月29日）。また，この問題に関して，当事者である女性有権者や女性団体からの意見を集める必要があるとして公聴会の開催を求める提案が相次いだが，与党議員らが相次ぎ欠席することで，定足数不足で公聴会を開催するという案件は上程されなかった（『女性家族委員会会議録』2008年2月4日）。

女性家族部の縮小

　2000年代後半になると，韓国政治における対立構造は地域間対立から世代間対立に移行していた。それだけでなく，全地域・全世代の支持を得ることで女性からの支持動員に頼る必要がなかった李明博大統領当選人は，女性部の存置について「私の所信には到底合わないことだ」とし，改めて反対の意向を明らかにした（『聯合ニュース』2008年2月15日）。現与党（民主党）と次期与党（ハンナラ党）は何度も交渉を重ねた結果，民主党が存続に固執していた海洋水産部を廃止し，ハンナラ党が廃止を求めていた女性家族部を存続させることで合意に至った。合意は，李明博大統領の就任を5日後に控えた2008年2月20日にやっと実現した。

　女性家族部の存続は，保育業務や家族業務を再び保健福祉部に移管することで発足当時の女性部に縮小するということが前提であった。これを受けて，張夏眞女性家族部長官は，「李明博当選人が女性政策を強化するといった約束を破棄した」として女性家族部の「原状回復」を求めた。また，大統合民主新党の女性議員17人と女聯など女性団体は声明を出し，女性家族部の現状維持を求めたが（『聯合ニュース』2008年2月21日），権力基盤の強い李明博大統領に太刀

打ちできなかった。

結局，国会は本会議を開き，海洋水産部を廃止し統一部と女性部を存続させることで18部4処となっている行政組織を15部2処に縮小させる政府組織法改正案を，210人の議員が出席した中で，賛成164票，反対33票，棄権13票で成立させた。一方，これに先立って大統合民主新党の女性議員らが中心となって提出した女性家族部の名称や機能を元の通りに戻すという内容の修正案は，202人の議員が出席した中で，賛成51票，反対124票，棄権27票で否決された。

その結果，保健福祉部は保健福祉家族部に拡大された一方，女性家族部は女性部に縮小され，ジェンダー平等や女性人材開発，女性の権益増進のみを所管する発足当時の小型省庁に戻った。予算規模からすると，2007年基準総額1兆1,379億ウォンのうち1兆869億ウォンが保育業務や家族業務に割り当てられていたので，20分の1程度になったわけである（『ハンギョレ』2008年2月21日）。国会の常任委員会においても，保育業務は女性家族委員会から保健福祉家族委員会に引き渡されることで，女性家族部との強い連帯をもとに保育政策に大きな影響力を行使してきた女性団体は，政府への影響力行使の重要なチャネルを失うことになった。李明博政権は省庁再編に対する大統領権限を利用し，フェミニスト官僚や女性団体が保育政策に関与できる余地をなくしたのである。

4　無償保育の実現

李明博政権における保育政策の特徴

小さな政府で政府組織の効率化を図った李明博政権は，保育業務や家族業務を再び保健福祉部に移管することで，女性家族部を女性部に縮小し，保健福祉部は保健福祉家族部に拡大した。したがって，国会で保育政策を審議する常任委員会も女性家族委員会から保健福祉家族委員会に変更された。

その結果，保育政策を審議する常任委員会の性別構成は，所属委員14人のうち11人が女性であった状態から，委員24人のうち15人が男性である男性議員中心の状態に戻った。しかし，女性議員が１人に過ぎなかった金大中政権における保健福祉委員会とは違って，女性クォータ制により女性議員が大きく増えた結果，李明博政権における保健福祉家族委員会に女性議員が占める割合は37.5％と，依然としてクリティカル・マスを維持していた。

　李明博大統領時代の第18代大韓民国国会（2008〜2012）において，保育政策の根拠となる嬰幼児保育法の改正案は，計85件が提出された。34件であった盧武鉉政権に比べると，さらに２倍以上増加していた。また，そのうち，議員提出案は80件であり，女性議員による提出案は31％に当たる25件であった。保育政策を審議する常任委員会が男性議員中心の保健福祉家族委員会に変更されたにもかかわらず，女性議員はクリティカル・マスであり，その役割を維持したのである。

　10年間の革新政権を終え，政権交代に成功した保守派李明博政権は，新自由主義的な理念に反する「保育政策の拡充」という盧武鉉政権の方向性を経路依存的に継承せざるをえなかった。なぜなら，保育政策の拡充は，もはや有権者にとって「当然の利益」とみなされ，それを奪うということは相対的な「価値はく奪」を意味するだけに，政治的にリスクの高い選択肢になったためである（Weaver 1986：373；新川 2005：256）。さらに，福祉をめぐる政党間競争が激化する中で，世代間対立が鮮明になると，若年層の保守離れに悩んでいた李明博政権は，保育政策をさらに拡充し，保育の無償化を全面的に実施することで，若年層からの支持動員を図った。同時に，養育手当を導入することで保育施設の利用を抑制しようとした。

満足度向上のための戦略──給付の可視化

　李明博当選人の大統領職引き継ぎ委員会は，保育政策を「市場機能」と連携

し，国民の満足度を高める必要があるとして，保育バウチャー制度の導入を検討することを発表した（『聯合ニュース』2008年1月4日）。特定クレジットカード会社を事業者に選定することで，年間100万人の新規需要とともに手数料が生み出されるというビジネス・フレンドリーなものであった。

しかし，李明博大統領の市場化政策が批判されると，今度は「需要者中心」という方針を前面に打ち出すことで，保育バウチャー制度導入の正当化を図った（『聯合ニュース』2008年3月25日）。需要者中心とは，保護者が申請すると「供給者」である保育施設に直接支援されていた保育料を「需要者」である子ども（保護者）に保育バウチャーで支給することで，国から相当な保育料支援を受けていることを有権者に実感してもらうことを目的としていた。

これを受けて，女性団体や専門家集団は「李明博政権の保育政策，果たして需要者中心なのか？」という政策討論会を開き，「保育バウチャー制度は保育サービスの市場化につながる可能性が高い」として保育バウチャー制度の導入に反対した。また，「李明博政権の保育政策は『保育バウチャー』だけが前面に打ち出されているだけで，需要者中心の保育といえるような特徴は見られない」ことを指摘した（『聯合ニュース』2008年5月19日）。

また，野党・民主党[1]は「李明博政権の保育政策の診断と改善方案」という討論会を開いた。そこで，カトリック大学社会福祉学科の金宗海教授は，「保育バウチャー制度はこれまでの制度と同じ性格のものであって，何のために予算を追加編成して新しい制度を導入するのか目的が不明である」として，予算が特定企業に便益をもたらすために使われることを批判した。また，「共同育児と共同体教育」という市民団体は，「保育バウチャー制度の導入により，保育料支援が増えるわけではなく，むしろ新しいシステム（クレジットカード）の導入による手数料負担が増えるだけである」ことを指摘しながら，保育バウチャー制度導入の見直しを要求した（『聯合ニュース』2008年11月18日）。

にもかかわらず，政府は，保育バウチャー制度の導入を押し通した。それは，李明博大統領が，圧倒的な得票率で当選しただけでなく，就任後わずか44日後に行われた国会議員総選挙で単独過半数を確保し，分割政府を解消したことで，強いリーダーシップを発揮していたから可能であった。

　ところで，李明博政権の当初の狙いは，保育施設の運営費を一部補助するために保育施設に支給していた「基本補助金」と保護者が申請すると保育施設を通じて支給していた「保育料支援」を一本化し，子ども（保護者）に保育バウチャーで支給することで，国の支援を実感してもらうことであった。しかし，このような狙いは，部分的に成功したにとどまった。「基本補助金なしには，保育施設の運営が事実上難しい」という保育施設側の猛烈な抵抗に遭った政府は，一本化を諦め，子どもへの保育料支援分だけを保育バウチャーの形に変えたのである（大西 2014：207）。

　他方，保育バウチャー制度の導入は，「保育料支援」を中心とした保育政策の方向性を固めた。そのため，革新政権が重要な課題として取り組んできた「国公立保育施設の拡充」は断念された。具体的に，盧武鉉政権の最終年度である2007年202億ウォンだった国公立保育施設新築のための予算は，李明博政権の最終年度である2012年にはその10分の1にも満たない19億ウォンに削減されていた（『保健福祉委員会会議録』2012年8月24日）。

無償給食と無償保育

　李明博政権が前政権からの保育政策の方向性を維持するという経路依存性を大きく超えて，普遍的な無償保育の実施を決断した背景には，当時野党が提起した「無償給食」によって，福祉をめぐる政党間競争が激しさを増していたという事情がある。無償保育というアイディアは，無償給食という政策アジェンダを先取りし，第5回地方選挙で勝利した野党に反撃するために，政府・与党

第4章　保守政権の復帰

が持ち出した切り札であった。

　無償給食という政策アジェンダは，京畿道（キョンギド）の教育監（日本の教育長にあたる）を選ぶ選挙で，無償給食の支援対象の拡大を公約として掲げて当選した革新系の金相坤（キム・サンゴン）教育監が編成した無償給食のための予算が，道議会によって全額削減されたことで注目を浴びた。無償給食をめぐる一連の出来事は「子どもたちの昼食問題」ということで国民感情を刺激し，李明博政権の「富裕層優遇政策」に不満を抱いていた有権者を合流させることになった（シン・グァンヨン 2012：62）。

　野党・民主党は2010年6月2日に行われる第5回地方選挙を控えて，無償給食という政策アジェンダを先取りし，「学校給食の全面無償化」を党の方針として定めた（『Pressian』2010年2月18日）。貧困や失業対策などの選別的な福祉制度も十分に整っていない韓国で，無償給食のような普遍的な福祉制度の導入という政策アジェンダが登場したことで，国民的大議論が巻き起こる。

　ハンナラ党は民主党の無償給食案に対して，所得の制限がなく富裕層も対象に含まれる「金持ち無償給食」は，左派ポピュリズムに過ぎないとして強く非難し，所得下位30％までの「庶民」を対象とする「庶民無償給食」を提案した（『聯合ニュース』2010年3月10日）。しかし，既に世論では学校給食の全面無償化への支持が圧倒的になっていた。

　そこで，ハンナラ党は，「選別的」無償給食案とともに，所得上位30％を除く残りの70％に保育料を全額支援するという無償保育を提案したのである（『聯合ニュース』2010年3月18日）。また，第5回地方選挙を2ヶ月ほど控えて「子育てしやすい国」という保育公約を発表し，当初2014年から実施されることになっていた無償保育を第19代国会議員総選挙と第18代大統領選挙が行われる2012年から前倒しで実施すると発表した（『東亜日報』2010年3月26日）。

　こうしたハンナラ党の取り組みにもかかわらず，地方選挙は「普遍的」無償

給食案を前面に掲げた民主党が勝利した。広域団体長はハンナラ党が6人，民主党が7人，広域議会議員はハンナラ党が252人，民主党が328人と，いずれにおいても民主党がハンナラ党を抑えた。当時，ハンナラ党が提案した無償保育という政策アジェンダは全く注目されず，無償給食を中心に選挙戦が繰り広げられ，民主党の「普遍的」な無償給食とハンナラ党の「選別的」な無償給食という対決構図で選挙が戦われた結果，「普遍的」な無償給食が選ばれたのである。

　地方選挙の結果，ハンナラ党の呉世勲（オ・セフン）ソウル市長が再選され，民主党がソウル市議会議席の3分の2以上を占めることになると，無償給食の実施をめぐって対立が生じた。呉世勲市長がソウル市議会で成立した「無償給食条例」の公布を拒否したのである。それだけでなく，同条例に対する無効確認請求訴訟を起こした。さらに，呉世勲市長は，無償給食はただのポピュリズムであると批判し，「民主党の亡国的無償津波を阻止する」として，住民投票を提案するに至った（『聯合ニュース』2011年1月10日）。

　これに対して民主党は，住民投票こそポピュリズムであると批判しながら，「市長選挙を実施し直すなら検討に値する」と呉世勲市長を挑発した。呉世勲市長はこれを受けて立ち，住民投票ともに自分の再信任を問うことにした（『聯合ニュース』2011年1月11日）。

　2011年8月24日に行われた住民投票は，投票率25.7%にとどまり，成立要件である投票率33.3%に届かなかったため，無効となり，開票もされなかった（『聯合ニュース』2011年8月24日）。にもかかわらず，与野党ともに住民投票の失敗自体を普遍的な福祉への支持と解し，普遍的な福祉政策を競うことになる（キム・スジョン　2015：558）。

　2011年に行われたソウル市長出直し選挙と20年ぶりに同じ年に行われることになった2012年の国会議員総選挙と大統領選挙を控えて，与野党は競って社会福祉の拡大を公約に掲げ，激しい選挙戦を繰り広げた。それまで選別的な無償

保育を主張してきた保守政党が，普遍的な無償保育へと党の政策基調を転換させるほど，接戦となった（キム・スジョン 2015：539）。

民主党は無償給食だけでなく，無償医療や無償保育に加えて，大学授業料の半減を掲げて，3つの無償政策と1つの半額政策を意味する3＋1政策を党の方針とした（『聯合ニュース』2011年1月13日）。これに対して，ハンナラ党は「将来世代を借金苦に追い込むかけ政策」であると猛非難しながらも（『聯合ニュース』2011年1月14日），突然5歳児保育・幼児教育共通課程であるヌリ課程の全面実施を発表した。これは，保育施設と幼稚園に二元化されている5歳児のための保育・幼児教育の内容を統合し，全国共通の教育課程を提供する一方，保育料・教育費も支援するという制度であった。

一方，住民投票の失敗で呉世勲ソウル市長が辞任すると，ソウル市長出直し選挙が行われた。この出直し選挙は，世代間対立がはっきりと現れた選挙であった。新市長に選出された革新系の朴元淳（パク・ウォンスン）候補に対する20代の支持率は69.3％と，保守系の羅卿瑗（ナ・ギョンウォン）候補に2倍以上の差をつけた。30代と40代の支持率を見ても，朴元淳は，それぞれ75.8％，66.8％を獲得し，保守候補より圧倒的な優位に立っていた（図表4－5参照）。

ソウル市長出直し選挙で浮き彫りになった若い世代の保守離れに危機感を覚えた李明博政権は，国務委員懇談会を開き，「2040世代（20～40代）とのコミュニケーション強化策」を議論する。そこで提案されたのが「保育問題を解決するための政策開発強化」，つまり保育政策のさらなる拡充であった（『聯合ニュース』2011年11月13日）。

2011年12月31日には，国会の予算決算特別委員会の全体会議で，2012年度予算案が最終議決された。翌2012年から5歳児だけでなく全ての0～2歳児の保育料を政府が全額負担するための予算案が成立したのである。

ところで，「0～2歳児無償保育を2012年から実施する」という案は，それ

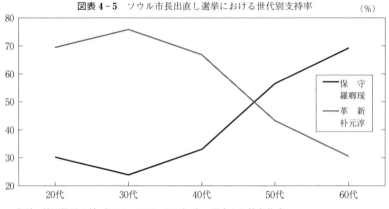

図表 4-5　ソウル市長出直し選挙における世代別支持率

出所：韓国放送 3 社（KBS・MBC・SBS）出口調査から筆者作成。

まで保育政策を審議する保健福祉委員会において一度も議論されたことがなかった。ところが，与党・ハンナラ党が「2014年までに 0〜2 歳児無償保育を実施する」ことを発表してからわずか 1 ヶ月後に，その予算が2014年度ではなく2012年度の予算案に盛り込まれたのである。明らかに2012年に行われる国会議員総選挙と大統領選挙をにらんだハンナラ党の人気取り政策であったといわざるをえない。

　このように，李明博政権において，保育政策は，まず，政府がマスコミを通じて方針を発表してから，国会が急いで予算を確保するという形で行われた。そのため，保育政策を審議する国会・常任委員会の役割は，政府の発表を裏付ける法案を事後的に作るという形にとどまっていた。保健福祉家族委員会の野党議員が強く異議を唱えていたにもかかわらず（『保健福祉家族委員会会議録』2008年11月21日），このような政策形成パターンは李明博大統領の任期末まで続いた。

　2012年には 0〜2 歳児無償保育とともに，前述した 5 歳児ヌリ課程の実施も予定されていたため，保育の無償措置の対象外となった 3〜4 歳児を持つ親たちは不満を募らせ，政府の方針に強く反発した。それだけでなく，保育施設に

子どもを預けていない０〜２歳児の親たちの間でも，保育施設を利用しないと享受できない「便益」に対して不満が募っていた。

　彼らは，組織化されていないにもかかわらず，インターネットを通じて自らの意見を積極的に発信した。例えば，保健福祉部のホームページの自由掲示板には「０〜２歳児なら母の懐で過ごさなければならない歳である。そのような子どもたちのために，養育費の代わりに保育料を全面的に無償で支援するなんてとんでもない」，「保育施設を利用する年齢層は，果たして０〜２歳の方が多いのか，３〜４歳の方が多いのかわからないのか」など，強く政府に抗議する投稿が後を絶たなかった。最大のインターネットポータルの１つである「ダウム（daum）」の請願掲示板「アゴラ」には，「2012年度保育料支援政策を方法面から再考して欲しい」という内容の声が投稿され，たった２日で3,400人がこれを支持するコメントを書き込んだ（『聯合ニュース』2012年１月５日）。

　これを受けて，総選挙と大統領選挙を控えていた政府は迅速に対応する。当時，所得下位15％までに給付していた０〜２歳児のための養育手当の所得制限を撤廃し，全ての子どもに拡大する計画を発表したのである（『聯合ニュース』2012年１月15日）。しかし，養育手当は保育施設を利用する際に支援する金額の３分の１に過ぎなかったことから，「働く主婦と専業主婦を差別する政策である」との批判を受けた。政府が０〜２歳児を持つ親たちの支持を得るために打ち出した０〜２歳児無償保育は，０〜２歳児の親たちの支持を得るどころか，恩恵を受けられない３〜４歳児の親たちを敵に回したのである。

　そこで，政府は「危機管理対策会議」を開き，当初５歳児に対して実施する予定であったヌリ課程を翌2013年から３〜４歳児にまで拡大することを決めた。次期大統領として有力視されていた与党・ハンナラ党の朴槿恵議員が「国家責任保育」という名で保育の全面的な無償措置を公約にしていたからである。次期大統領候補として既に党を掌握していた朴槿恵は，李明博大統領に自分の公

約である無償保育の実施を要求し，李明博大統領はこれを受け入れた（『文化日報』2012年9月3日）。その結果，それまで所得下位70％を対象としていた保育・幼児教育の無償措置は，所得制限なしになった（『聯合ニュース』2012年1月18日）。3～4歳児ヌリ課程の拡大実施に関する幼児教育法の一部改正法律案は，2012年2月27日，全会一致で可決された。2つの大きな選挙を控え，親たちの不満が募ると，与野党は十分な審議もせず，人気取りに走ったのである。

養育手当

　保育バウチャー制度をめぐる論争で，保育施設に直接支援されている金額も含めて保育料支援の金銭的価値が可視化されると，「保育施設を利用しないと損」という認識が広まる。その結果，共働き世帯が中心であった0～2歳児保育への需要は，専業主婦世帯にも広がることになった。結果として，政府は爆発的な保育需要を分散させるために養育手当を導入せざるをえなかった。保育への需要を，支援額が高い保育料支援ではなく，その3分の1の支援額に過ぎない養育手当に誘導しようとしたのである。

　政府のこうした動きに対して，保育政策を審議する保健福祉委員会の野党議員らは，養育手当の拡大は再家族化をもたらし，女性の労働力参加を妨げると批判したものの（『保健福祉委員会会議録』2012年7月24日；2012年11月5日），養育手当が多くの有権者にとってありがたい現金給付であったため，積極的には反対できなかった。

　他方，保健福祉部長官や与党議員らは，保守的なイデオロギーで養育手当の導入を正当化しようとした。例えば，林采民（イム・チェミン）保健福祉部長官は，「子どもは母親が養育するのが一番良い」（『保健福祉委員会会議録』2012年2月7日），「子どもは家庭で養育されることを原則としなければならない」（『保健福祉委員会会議録』2012年11月5日），尹碩鎔（ユン・ソクヨン）議員は，「子ど

もは親が育てるのが原則であり，国は補助するだけだ」（『保健福祉家族委員会会議録』2008年9月8日），李愛珠（イ・エジュ）議員は，「2歳以下の子どもは可能な限り母親が育てるのが良い」（『保健福祉委員会会議録』2011年8月18日）として，養育手当を優先的に拡充すべしとした。

　こうした与党議員らの動きに対して主たる反対勢力となるはずであったフェミニスト官僚と女性団体は，李明博政権の省庁再編によって保育業務が女性家族部から保健福祉家族部（のち，保健福祉部に復帰）に再移管されたため，影響力を行使できるチャネルを奪われてしまい，積極的に働きかけることができなかった。

　養育手当は，李明博政権にとって，国民の支持を取り戻すための「アメ」政策でもあった。前述した通り，李明博政権が国会議員総選挙で分割政府を解消してから間もなく，狂牛病に対する懸念が広まる中で，全国でアメリカ産牛肉輸入再開に反対するキャンドル集会が続発した。これを受けて，政府が警察にデモ隊に対する過剰鎮圧を命令すると，国民が大きく反発した結果，李明博政権への支持率が下がり，就任3ヶ月で支持率は2割を割り込んでしまった（図表4-6参照）。

　そこで，与党・ハンナラ党の申相珍（シン・サンジン）議員は，李明博政権の業績を1つ作らなければならないとし，「養育手当」を国会で成立させることに積極的に協力する意向を表明した（『保健福祉家族委員会会議録』2008年9月8日）。その後，ハンナラ党の孫淑美（ソン・スクミ）議員の代表発議で，「親の養育費の負担軽減と保育施設を利用しない子どもへの公平性確保のために養育手当を導入する」という内容が盛り込まれた「嬰幼児保育法一部改正法律案」が提出された。法案は出席者244人のうち賛成207人，反対15人，棄権22人で可決され，2009年7月1日から保育施設を利用しない所得下位15％の0〜1歳児を対象に月10万ウォンの養育手当が支給されることになった。

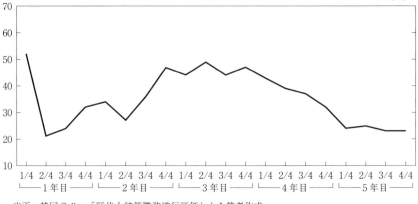

図表 4-6　李明博大統領の支持率　（％）

出所：韓国 Gallup「歴代大統領職務遂行評価」から筆者作成。

　前述の通り，第5回地方選挙で「無償給食」を前面に掲げた野党・民主党に敗北したハンナラ党は，無償保育の支援対象を拡大するとともに，養育手当を拡充する方針を積極的に宣伝するようになった。地方選挙の3ヶ月後には，李明博大統領が「国民経済対策会議」を開き，来年度予算案における「庶民希望の三大核心課題」の目玉として，保育政策の拡充を図るための予算を対前年比20％増やし，3兆3,000億ウォンとすることを決めた。また，養育手当の対象を2011年からは所得下位70％以下の0〜1歳児から0〜2歳児にまで拡大し，金額も月10万ウォンから最大20万ウォンに引き上げることにした（『聯合ニュース』2010年9月16日）。

　しかし，年末の予算編成において養育手当の拡充のための予算措置は全く取られなかった。財政破綻を恐れた企画財政部がストップをかけたのである。しかし2010年末時点では，李明博大統領が官僚や与党を完全にコントロールしていたことを考えると，企画財政部が政府の承認なしに独断で予算案を決めた可能性は極めて低い。したがって李明博政権は，養育手当の拡充を宣言する一方で，予算措置を取らないという国民の反発を招く決定を企画財政部にさせるこ

図表4-7 李明博政権における養育手当の拡大過程

年	対象	支援額	規模	予算
2009	所得下位15% 0～1歳児	0～1歳児：月10万ウォン	68,000人	324億ウォン
2010			51,000人	667億ウォン
2011	所得下位15% 0～2歳児	0歳児：月20万ウォン 1歳児：月15万ウォン 2歳児：月10万ウォン	89,000人	898億ウォン
2012			92,000人	1,026億ウォン
2013	全階層 0～5歳児	0歳児：月20万ウォン 1歳児：月15万ウォン 2歳児：月10万ウォン 3～5歳児：月10万ウォン	1,060,000人	8,910億ウォン
2014			1,012,000人	1兆2,150億ウォン

出所：筆者作成。

とで，自らの責任を見えにくくする「可視性の低下」を狙ったものと考えられる（Weaver 1986：386-387；新川 2005：257）。

　強い大統領に従ってきた与党・ハンナラ党は，養育手当の財源措置のない予算案をそのまま受け入れた。予算案の国会通過を阻止しようとする野党との間で激しい衝突が起こったが，結局予算案は与党単独で通ってしまった（『ハンギョレ』2010年12月9日）。こうした政府の動きにストップをかけたのは，次期大統領選挙への出馬を準備していた朴槿恵であった。

　ハンナラ党の非常対策委員長として2012年の国会議員総選挙を仕切った朴槿恵は，党名をセヌリ党へと変更し，2013年から全ての0～5歳児を対象に養育手当を給付するという公約を掲げた。これを受けて，民主統合党（民主党から党名変更）は，保育料支援額を大幅に増やし，標準保育費用として算出された額を全額支援すると約束した。保育政策の拡充を通じて利用者から支持を得るだけでなく，自治体から一方的に定められた低い保育料に不満を抱いていた「供給」側である保育施設の支持をも得るための戦略であった（イ・スンユン/キム・ミンヘ/イ・ジュヨン 2013：219）。以上の李明博政権における養育手当の拡充過程をまとめたのが，図表4-7である。

革新政権時代を「失われた10年」と批判して復帰した保守政権は，一層新自由主義的な社会保障改革を推進した。したがって，保育政策にも市場原理が導入された。国の恩恵を受給者が直接実感できるようにし，企業に新たな需要をもたらす保育バウチャー制度が導入されたのである。また，無償給食に触発された激しい政党間競争は，保守政党であるハンナラ党をして無償保育の実施を決断させた。その結果，保育関係予算が爆発的に増加すると，李明博政権は保育施設の利用を抑制し，合理化を図るために，保育料支援額の３分の１に過ぎない養育手当を導入した。野党議員らは，養育手当が再家族化をもたらすという点を指摘したが，有権者に現金を与える人気政策であった養育手当に積極的に反対することはできなかった。他方，与党議員らは，強力なリーダーシップを発揮していた大統領に従い，養育手当を「子どもは母親が育てるのが良い」という保守的なイデオロギーで擁護したため，李明博政権は，養育手当のさらなる拡充を通じた保育政策の合理化という目的を達成することができた。

注
(1)　2008年２月17日，大統合民主新党と民主党が統合して統合民主党を結党し，2008年７月６日には民主党に党名を変更した。

第5章
保守政権の破滅

1　朴正煕の分身・朴槿恵

大邱の娘，危機のハンナラ党を救う

　朴槿恵大統領は，軍事クーデターで政権を握り，韓国を高度経済成長へと導いた朴正煕元大統領と「慈愛深い国母」のイメージを持つ陸英修（ユク・ヨンス）夫人の長女として嶺南地域の大邱で生まれた。政権奪取から10年余りが経った1974年8月15日には朴正煕大統領の暗殺を狙った狙撃事件が発生し，陸英修夫人が殺害された。フランスに留学していた朴槿恵は急遽帰国し，母に代わってファーストレディ役を務めたが，5年後には父親も暗殺されてしまった。彼女はその後18年間，政治の表舞台から姿を消した。

　その朴槿恵が政界入りをしたのは，1997年12月，第15代大統領選挙でのことだった。ハンナラ党の李会昌候補が嶺南地域を中心に蘇っていた「朴正煕への郷愁」を効果的に利用するために，彼女を選挙対策委員会の顧問として迎え入れたのである（『京響新聞』1997年12月3日）。当時，朴槿恵は記者会見を開き，「（アジア通貨危機に見舞われた）このような時期に政治に参加し，国のために貢献することが両親に対する恩返しだと思う」と述べた（『京響新聞』1997年12月12日）。翌年の4月には出生地である大邱広域市の国会議員を選ぶ補欠選挙に

私立学校法強行成立の無効を訴える朴槿恵ハンナラ党代表
朴槿恵大統領は，ハンナラ代表時代，真冬日ソウル市役所の前でキャンドル集会を開き，私立学校法改正を阻止することで政治的実力を認められた。
出所：https://news.naver.com/main/read.nhn?oid=047&aid=0001943694

出馬して初当選を果たしたが，ハンナラ党内で彼女を立てたのは，両親の人気がなお高い嶺南地域での支持を集めるためであり，彼女の政治的実力を認めてのことではなかった。

しかし，ハンナラ党が危機に陥っていた2004年を前後して，朴槿恵への評価は大きく変わることになった。2003年12月には，2002年に行われた大統領選挙を控えてハンナラ党が財閥グループから現金150億ウォンを不正に受け取っていたことが発覚した。また，2004年3月には，盧武鉉大統領に対する国会の一方的な弾劾訴追に大きく反発した国民が弾劾賛成派への支持を撤回した。総選挙を控えて，党支持率が急落した責任を取って崔秉烈（チェ・ビョンニョル）代表が辞任すると，朴槿恵は党首に選ばれた。彼女は，明洞（ミョンドン）聖堂で告解，曹渓寺（チョゲサ）で108回の礼拝，永楽（ヨンラク）教会で悔改めを行うことで国民に謝罪する一方（『Oh My News』2004年3月25日），反省の意味で党の持つビルを売却し，仮設テントを党本部とするなどのパフォーマンスを繰り広げることで，予想されていた議席減を最小限にとどめた。その後の選挙でも党を次々と勝利に導き，「選挙の女王」と呼ばれるようになった彼女は，いつしか次期大統領候補とみなされるようになった。

第5章　保守政権の破滅

　2005年には，与党・ウリ党が政治改革の一環として推進した私立学校法改正案を「職権上程(1)」で成立させると，朴槿恵代表は強く抗議し，「院外闘争」を宣言して，街に出た。彼女が真冬日ソウル市役所の前でキャンドル集会を開くなど院外闘争を3ヶ月続け，ウリ党から再改正への合意を導き出すと，彼女のリーダーシップは揺るぎないものになった。また，地方選挙の遊説に出た彼女が暴漢にカッターナイフで顔を切りつけられ，手術を受けた後意識が戻ってから発した第一声が激戦区だった「大田（テジョン）は？」であったという報道は，父の朴正煕元大統領が死亡したという知らせを聞いた彼女の第一声が「休戦線は（大丈夫か）？」だったという話を連想させ，私事より国家を優先する人物であるとの印象を有権者に与えた。

　ところが，朴槿恵に強力なライバルが登場する。現代建設のトップとしての経験を生かして，ソウル市長の任期中に清渓川（チョンゲチョン）復元事業(2)やバス路線改編などで人気を集めた李明博が予備選挙に参加すると宣言したのである。彼女は李明博の不正腐敗疑惑を集中的に追及する一方，保守派からの支持を結集させるために「税金は減らし，規制は緩め，法規律は立てる」というスローガンを掲げた。しかし，彼女は選挙人団（代議員・党員・一般国民）による直接投票では432票の差で勝利したが，世論調査で8.5ポイント負け，李明博に敗北を喫した。

朴槿恵派の没落と復活

　ハンナラ党の大統領候補だった李明博が大統領に当選すると，ハンナラ党内では李明博派と朴槿恵派の対立が本格化した。李明博大統領が党内で多数を占めていた朴槿恵派の協力を求めず，独自の勢力構築に乗り出したからである（浅羽・大西・春木 2010：66-67）。「実用主義」を謳っていた李明博大統領は，就任後44日後に行われた国会議員総選挙で，朴槿恵派を含む現役議員の39％を公

認から排除し，自派の新人を大挙起用することで，ハンナラ党を掌握しようとした。

朴槿恵自身は公認されたものの，公認されなかった朴槿恵派議員はハンナラ党を離党し，「親朴連帯」という政党を立ち上げて総選挙に出馬した。彼らは朴槿恵の苗字を政党名として掲げるほど，朴槿恵への忠誠心が強い集団であった。当時，朴槿恵は「（ハンナラ党に）私も騙され，国民も騙された」と李明博大統領を強く批判する一方，「生きて（当選して）帰ってくるように」と発言することで，親朴連帯を間接的に支援した。彼女は，自派の多くを公認から排除した李明博大統領に抗議する意味で，自分の選挙区である大邱広域市達城（ダルソン）郡の外には一歩も出ないなど，ハンナラ党の支援遊説を拒否した。総選挙の結果，親朴連帯は14議席，無所属で出馬した朴槿恵派も計12人が当選した。その後朴槿恵の要請でハンナラ党に復帰した朴槿恵派は，「与党内野党」という立場を取った。

一方，無償給食問題が発端となったソウル市長出直し選挙をめぐり，ハンナラ党所属議員の秘書が中央選挙管理委員会のホームページにサイバー攻撃を仕掛けるという前代未聞の選挙妨害事件が起こると，ハンナラ党を非難する国民の世論は激しくなった。これを受けて，ハンナラ党は「非常対策委員会体制」に転換し，非常対策委員長として「選挙の女王」朴槿恵を選出した。彼女は党名をハンナラ党からセヌリ党に変更し，外部から清廉なイメージを持つ人材を迎え入れるなどイメージ刷新を図った結果，第19代国会議員総選挙では過半数の152議席の確保に成功し，次の有力な大統領候補となった。

彼女が大統領予備選挙で獲得した84％という得票率は，2002年の予備選挙当時，李会昌候補が得た最高記録である68％を大きく上回る圧倒的なものであった。朴槿恵候補は「満を持しての女性大統領」というスローガンを掲げる一方，今回の大統領選挙で敗北すると政界を引退することを宣言し，有権者に支持を

第5章　保守政権の破滅

図表5-1　第18代大統領選挙における地域別得票率　(％)

	全体	首都圏				忠清				嶺南					湖南			
		ソウル	京畿	仁川	江原	大田	忠北	忠南	世宗	釜山	大邱	蔚山	慶北	慶南	光州	全北	全南	済州
朴槿恵	51.6	48.2	50.4	51.6	62.0	50.0	56.2	56.7	51.9	59.8	80.1	59.8	80.8	63.1	7.8	13.2	10.0	50.5
文在寅	48.0	51.4	49.2	48.0	37.5	49.7	43.3	42.8	47.6	39.9	19.5	39.8	18.6	36.3	92.0	86.3	89.3	49.0

出所：中央選挙管理委員会編（2013）『第18代大統領選挙総覧』から筆者作成。

図表5-2　第18代大統領選挙における各候補別優勢地域

出所：韓国ウィキペディア。

訴えた。有力な大統領候補であった朴槿恵・文在寅（ムン・ジェイン）・李正姫（イ・ジョンヒ）の3人が出演したテレビ討論会では，彼女の未熟な討論能力が目立ったが，統合進歩党の李正姫候補の露骨な攻撃と「私は朴槿恵候補を落選させるために出てきた」という発言は，むしろ朴槿恵支持者を結束させた。

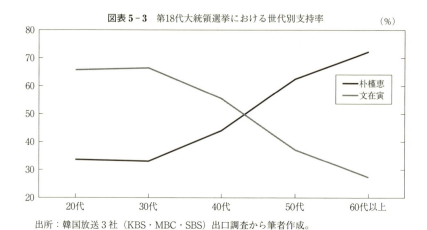
図表 5-3　第18代大統領選挙における世代別支持率

出所：韓国放送 3 社（KBS・MBC・SBS）出口調査から筆者作成。

　大統領選挙を 3 日後に控えて当選可能性が極めて低かった李正姫候補が革新陣営への政権交代のために辞退すると，第18代大統領選挙は朴槿恵と文在寅という保革二大候補の対決による接戦となった。激戦の末に，朴槿恵候補は51.6％を獲得することで，民主化以降初めて大統領選挙で過半数を得ることに成功し，48.0％を獲得した文在寅候補を打ち負かした。彼女は首都・ソウルで敗北したにもかかわらず，革新政党の支持基盤である湖南地域以外の全ての地域で勝利した（図表 5-1・5-2 参照）。

　世代別支持率を見ると，20代と30代の60％以上が文在寅候補を支持したが，50代の60％以上と60代以上の70％以上が朴槿恵候補を支持し，世代間対立が鮮明に現れた（図表 5-3 参照）。所得区間別支持率を見ても，朴槿恵候補を支持する貧困層の割合は52.4％であり，37.3％だった文在寅候補よりもはるかに高かった（図表 5-4 参照）。朴槿恵候補を支持した貧困層の多くは，高齢者でもあった。

　以上を要約すると，朴槿恵大統領は韓国の高度経済成長を成し遂げた朴正熙時代に郷愁を抱く層を動員しようとする保守政党の誘いで，政界に入った。朴

第5章　保守政権の破滅

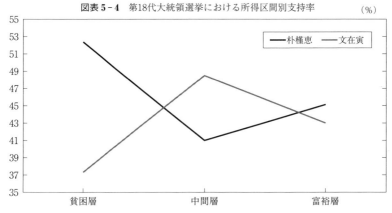

図表 5-4　第18代大統領選挙における所得区間別支持率

出所：ウン・ミンス（2013）から筆者作成。

父女の故郷であり，保守政党の支持基盤である嶺南地域と，いまだに朴槿恵のことを「お嬢様」と慕う母・陸英修夫人の故郷である忠清地域からの支持，そして「選挙の女王」としての実績は，彼女の強大なリーダーシップの源泉となった。

2　父の夢は福祉国家の建設であった

生涯サイクルに合わせた福祉

朴槿恵は，大統領予備選挙で李明博に敗北した直後から次の選挙の準備に入った。彼女は福祉政策に従来消極的な立場を取っていた保守政党・ハンナラ党の代表であったにもかかわらず，福祉政策を自分の「商品」として売り出した（ヤン・ジェジン 2013：47）。所得再分配よりも経済成長を重視した李明博政権との差別化を図るためであった。彼女は福祉売り出しの第一歩として朴正煕元大統領の30周期追悼式に出席し，「父の究極の夢は福祉国家の建設であった」と述べ，自分が大統領になって父の夢を実現させたいと訴えた（『NEWSIS』

165

2009年10月26日)。

　また,「社会保障基本法全部改正案」の公聴会で,「単にお金を配るのではなく,夢や自己実現できる福祉システムを整えたい」と語り,同改正案を中心となって提出し,国会で成立させた。同改正案の四大原則は,① 高齢者だけでなく「生涯サイクル」に合わせたバランスの取れた福祉を提供する,② 貧困層だけでなく「全国民」を対象とする,③ 事後的・消極的な所得保障中心から予防的・積極的な「社会サービス」中心に転換する,④ 市場代替的な国家の役割から「公私バランスの取れた役割分担」を目指す一方,規制者というよりは「統合管理者としての国の役割」を強調するものであった(アン・サンフン 2010：11)。

　戦後イギリス労働党の「ゆりかごから墓場まで」というスローガンを連想させる「生涯サイクル福祉」は(オ・ゴンホ 2013：180),保育・教育・就職・老後など,全国民のライフ・サイクルに合わせた福祉を適切に提供するというものである。また,「所得保障」を中心とする伝統的な福祉国家への対抗パラダイムとして提案された「サービス保障」を中心とした福祉システムは(ホ・ヨンフン 2013：157),ワーキングプアや女性の労働力参加による子育て問題など,新たに登場した社会的リスクに対応するために社会サービスを拡大し,所得保障とサービス保障のバランスの取れた福祉システムを構築することを目指すものであった(キム・ウォンソブ 2011：35)。

　朴槿恵候補は,「全国民」の「生涯サイクル全体」を包括するという一見普遍的な社会的セーフティネットを構築するとしながらも,全ての人に差別なく均一に与えられる普遍的福祉には反対であった。当時民主党が主張していた,いわゆる「無償福祉」に対しても,当然否定的な見解を示した。彼女は社会保障基本法第28条が定める「受益者負担の原則」に基づき,負担能力のある者からはその費用を負担してもらうことを前提として福祉政策を考えていたのであ

る（ホ・ヨンフン　2013：158-159）。

　しかし，普遍的福祉に反対していたはずであった朴槿恵候補が本格的に選挙戦に臨んで打ち出した政策は，「基礎老齢年金」と「四大重症疾患100％保障」，そして「国家責任保育」など，「選別的福祉」という自らの福祉理念とは矛盾する「普遍的福祉」的なものであった。

高齢者の支持を動員するための戦略

　基礎老齢年金と四大重症疾患100％保障は，高齢者の支持を動員するための公約であった。当時，韓国では高齢者の貧困問題が深刻化していた。OECDによると，2017年現在韓国における66歳以上人口の相対的貧困率は45.7％と35加盟国のうちで圧倒的に高い（図表5-5参照）。その理由として，戦後既に年金制度が整備された先進諸国とは違って，韓国では1988年になって初めて年金制度が導入されたため，国民年金の対象となる高齢者はそれほど多くないことがある。そこで，高齢者の貧困を和らげるために国が支給しているのが「基礎老齢年金」である。しかし，支給額が現役世代の平均所得の5％に過ぎないことから，基礎老齢年金だけでは生活を営むことが到底不可能であった。

　こうした状況に対してハンナラ党は，2008年4月国会議員総選挙を控えて，基礎老齢年金を月9万ウォンから36万ウォンに4倍引き上げるという公約を打ち出したのだが，実現には至らなかった（『ハンギョレ』2013年10月4日）。そのため，高齢者の貧困は解決されず，ますます深刻さを増していた。4年後の大統領選挙で，朴槿恵候補が掲げた「65歳以上の全ての高齢者に所得水準とは関係なく月20万ウォンを支給する」という公約は高齢者から大きな支持を集めた。彼女の公約は，文在寅候補が掲げた「65歳以上の高齢者の所得下位80％に月18万ウォンを支給する」とした公約よりもわかりやすく，魅力的であったためである（ウン・ミンス　2013：287）。

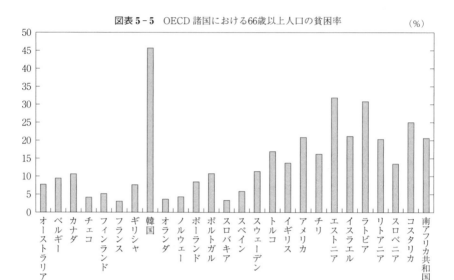

図表5-5　OECD諸国における66歳以上人口の貧困率

出所：OECD (2018) Poverty rate (indicator) から筆者作成。

　高齢者の支持を動員するための公約はそれだけではない。加齢に伴い医療サービスへの需要が高まることに着目し、高齢者の負担となる疾患の健康保険のカバー率を引き上げようとしたのである。「2013年高齢者統計」によると、65歳以上高齢者の死亡原因の1位は癌であり、脳血管疾患と心臓疾患がそれぞれ2位と3位である。朴槿恵候補は、それに難病を加えて「四大重症疾患」を100％健康保険でカバーすることを公約した。ここで注目すべきことは、いわゆる「災難的医療費」の主要原因として指摘されてきた上級病床・看病・選択診療にかかる費用なども含めて健康保険が適用されるようにするということである。子どもに看病やその費用の負担を押し付けたくない高齢者には耳寄りな提案であった。

　しかし、朴槿恵政権の発足後間もなく、基礎老齢年金は所得下位70％を対象に所得水準に応じて最大20万ウォンまで支給する案に後退した。この過程で朴

槿恵大統領は国民に対して謝罪し，陳永（ジン・ヨン）保健福祉部長官が責任を取って辞任した。また，四大重症疾患100％保障という公約は，朴槿恵政権が発足する前，大統領職引き継ぎ委員会の段階で，上級病床・看病・選択診療などを支援対象から除外し，自己負担額も全額免除とはしないことが決定された。他のどの年齢層よりも投票率が高い高齢者の人気取りのため，財政的な裏付けもない公約を乱発した結果であった。

国家責任保育

朴槿恵大統領は，ハンナラ党の第17代大統領候補をめぐって李明博大統領と競っていた2007年から「保育は国が責任を負わなければならない」と主張した（『聯合ニュース』2007年3月30日）。彼女は当時，①育児の経済的負担を減らし，②子どもを安心して預けられる保育システムを構築する一方，③母の気持ちを持って子どもの健康と安全を守ることを保育政策の目標として掲げた。

彼女は保育政策を拡充する理由として「経済再生のためには，現在50％台にとどまっている女性の労働力参加率を少なくともOECD平均水準の60％以上に引き上げなければならない。そのためには育児問題の解決が不可欠である」ことを指摘した（『聯合ニュース』2007年5月3日）。朴槿恵大統領もその前の3人の大統領と同様に，女性労働力を国の経済発展のために活用するための手段として保育政策を考えていたのである。

他方，朴槿恵候補は，養育手当の拡充が必要な根拠として「女性の社会活動（拡大）と少子化問題の解消」を挙げた（『聯合ニュース』2012年9月2日）。このような発言から，彼女も女性の就労を奨励するとしながらも養育手当を導入した李明博大統領と同様に，通常，養育手当などの現金給付は女性の労働力参加を抑制することで再家族化をもたらす効果を持つということを理解していなかったことが伺える。

5年後，朴槿恵がセヌリ党の非常対策委員長として仕切った第19代国会議員総選挙では，所得に関係なく全ての０～５歳児に無償で保育を提供する「国家責任保育」が公約として掲げられた。その後，この公約は大統領選挙における朴槿恵候補の公約となった。彼女は保育関係予算の膨張を懸念する声に対して，「（必要な）費用を全部計算した上で，（推進できるという）自信を持って打ち出した政策である。無責任な発表ではない」と主張する一方（『聯合ニュース』2012年７月11日），李明博政権に対して無償保育のための予算を編成することを要求した。

　高齢者向けの公約は，打ち出した内容よりも大きく後退してしまったが，国家責任保育という公約は放棄されず，実現した。それはなぜかといえば，高齢者は朴大統領の固い支持基盤であり，逃げる心配はなかったが，保育政策は若年層向けであり，彼らは保守離れの傾向を見せていたからである。朴槿恵大統領の与党内での威信は，選挙に強いということにあったため，そのイメージを何としても維持する必要があった。[3]

　しかし，財政的な裏付けなしに急速に拡充された保育政策は，結局財政問題を引き起こした。朴槿恵大統領は「無償保育のような全国単位の事業は，国が責任を負うべきだ」と発言したにもかかわらず，自治体・教育庁に財政負担を転嫁することで財政危機を打開しようとした。そのため，朴槿恵政権では財政負担をめぐる政府と自治体・教育庁の対立が深刻化した。

3　「女性」大統領という矛盾

「満を持しての女性大統領」に送った女性有権者の支持

　歴代大統領候補は，時代精神（zeitgeist）を込めて公約やスローガンを作った（ハ・ヨンエ 2014：361）。例えば，経済成長に対する国民の熱望が最高潮に

達した時期に，李明博大統領は「経済大統領」というスローガンを打ち出した。朴槿恵候補が「満を持しての女性大統領」をスローガンとして掲げたのは，女性指導者の登場は世界的な流れであり，今は母親のような忍耐強い女性リーダーシップが必要とされているからであった。また，朴槿恵候補は「女性大統領が誕生すれば，建国以来最も大きな変化・刷新となる」，「女性大統領時代へと政治のパラダイムを変えよう」と，「女性」であることを積極的にアピールした（イ・スクジン 2013：62）。

　韓国政治史上初めて有力な女性候補が生まれたことが大統領選挙の中心的話題になると，女性としての朴槿恵を攻撃する声が相次いだ。「朴候補は生殖器だけ女性である」というある大学教授の発言は，女性有権者の反発を買い，「言い過ぎだ」と非難された（ハ・ヨンエ 2014：365）。他にも民主党の「出産経験のない女性が女性の代表になれるのか」，「仕事から帰ってくる夫の夕食を準備してみたこともない女性が女性の代表になれるのか」という批判は，結婚して子どもを産んだ女性だけが「まともな女性」とされる男性優位主義であり，女性たちの反感を買った。

　こうした攻撃を受けて，多くの女性は朴槿恵候補をむしろ支持した。女性に対する差別的な批判への反発があっただけでなく，女性大統領なら，女性のための政策を積極的に展開してくれることを期待したからである。例えば，2013年3月，全国民主労働組合総連盟が女性労働者を対象に実施したアンケート調査によると，回答者の50.1％が朴槿恵大統領に「非常に期待している」，または「多少期待している」と答えた。普段保守政権を好まない組合員の認識を考慮すると，女性労働者の半分が期待感を表明したのは異例であった（オ・ユソク 2014：204-205）。また，職業別の支持率を見ても，主婦の51.4％が朴槿恵候補を支持しており，29.5％である文在寅候補よりはるかに高かった（図表5-6参照）。

図表 5-6　職業別大統領候補支持率　　　　　　　　　(%)

	朴槿恵	文在寅	無い・わからない
農林漁業	54.2	31.7	14.1
自営業	41.8	40.4	17.2
ブルーカラー	47.2	34.1	18.1
ホワイトカラー	29.5	54.3	15.3
主婦	51.4	29.5	18.8
学生	24.1	53.6	21.6
無職・その他	57.7	21.2	20.2

出所：『KBS大選企画八次世論調査結果報告書』2012年11月25日。

　それだけでなく，第18代大統領選挙では，女性の投票率が76.4％と，男性の投票率の74.8％より1.6ポイント高かった。女性の大統領候補が有力視されると，女性有権者は積極的に投票に参加したのである（キム・ヒョンジュン　2014：81）。実際に性別支持率を見ると，女性有権者の51.5％が朴槿恵候補を支持したのに対して，文在寅候補を支持する女性有権者は3.6ポイントも低い47.9％であった。逆に，男性有権者は朴槿恵候補（49.1％）より文在寅候補（49.8％）を支持した（図表5-7参照）。要するに，朴槿恵候補は女性有権者の支持を得て大統領に当選したといえる。

　女性有権者が朴槿恵候補を支持した理由として，キム・ヒョンジュン（2014）は，以下の2つを挙げている。まず，同じ女性であるという感情的な一体感（emotional identification）によって，女性有権者は女性候補に票を投じたということがある。このような傾向は，女性候補の方が女性の地位向上のためにより積極的に取り組んでくれるという信頼と期待が働いた結果であるといえる。

　次に，革新陣営の文在寅候補が自分に有利だったはずの女性問題を先取りすることに失敗したという点である。これまでは保守派であるセヌリ党より革新派である民主党の方がジェンダー平等のような政策アジェンダにおいて優位を占めてきた。しかし，文在寅候補は安哲秀（アン・チョルス）との候補一本化に

図表5-7　第18代大統領選挙における性別支持率 (%)

	朴槿恵	文在寅
男性	49.1	49.8
女性	51.5	47.9

出所：韓国放送3社（KBS・MBC・SBS）出口調査から筆者作成。

時間を取られ，女性政策をアジェンダ化することを疎かにしてしまったのである。

「女性」政策の不在

このように女性有権者の支持を得て大韓民国初の女性大統領となった朴槿恵だが，本来彼女は，女性としてのアイデンティティを自覚していたというよりは，むしろ「権威主義的家父長制国家の代理人」に近い存在であった（イ・スクジン 2013：63）。彼女は権威主義国家の大統領の娘として，家族と国家のために犠牲になる存在であった女工（女性労働者）たちを対象とした演説で，祖国と親の恩恵を強調し，国家家父長制を擁護していた。

そのような彼女が，大統領候補となってからは，女性の支持を動員するために，女性の権益を増進するための政策を積極的に発表した。例えば，2017年までの達成を目指して打ち出した「女性人材10万人養成構想」には，女性長官や政府委員会の女性の割合を大幅に拡大し，女性国家公務員を増やす一方，政党の候補者を決める委員会における女性の割合を40％以上にすることを義務化し，具体的な割合は明記しなかったものの，女性校長と女性教授の採用クォータ制を導入するという非常に革新的な内容が含まれていた（『東亜日報』2012年11月15日）。

しかし，韓国初の女性国務総理を誕生させた盧武鉉政権や任期中最も多い9人の女性長官を任命した金大中政権とは違って，朴槿恵政権は女性長官の登用

に消極的だった。朴槿恵政権において女性長官は組閣当時の2人から，やがて女性部長官1人のみとなり，歴代政権の中で女性長官は最も少なくなった。また，政党の候補者選定委員会における女性の割合を40％以上にすることを義務付けるとしたにもかかわらず，与党でさえこの比率を守らなかった。女性校長と女性教授の採用クォータは，朴槿恵政権が発足してから国会で議論されることもなかった。

さらに言えば，女性クォータ制を導入することでより多くの女性を政治に参入させた革新派大統領とは違って，朴槿恵大統領は女性議員の拡大にも興味がなかった。例えば，彼女がハンナラ党の代表だった第18代国会議員総選挙で選挙区に公認した女性は，全体245人のうち18人（7.3％）であり，セヌリ党の非常対策委員長として第19代総選挙に向けて陣頭指揮を執った時も，女性は230人のうち16人（7.0％）しか公認しなかった。さらに，大統領在任中に実施された第20代総選挙で女性候補は248人のうち16人（6.5％）とむしろ減少した。選挙区における女性候補の割合を第18代197人のうち15人（7.6％），第19代209人のうち21人（10.0％），第20代234人のうち25人（10.7％）へと次第に増やしてきた民主党とは対照的である。

世界経済フォーラム（World Economic Forum, WEF）が発表した「世界男女格差報告書（The Global Gender Gap Report）」によると，韓国の男女格差指数（Gender Gap Index, GGI）は，盧武鉉政権の最終年度である2007年には97位にランクされていたが，李明博政権の最後年度である2012年には108位に下落し，朴槿恵政権の最後年度である2016年にはさらに116位まで下落している。このように，女性の労働力参加や教育，政治的エンパワーメント，健康などを評価する同指数のランクが下落したことから見て，女性有権者の支持を動員することで大韓民国初の女性大統領による政権となった朴槿恵政権だが，「女性」政策は弱かったといえる。

第5章　保守政権の破滅

4　無償保育の財源をめぐる対立

朴槿恵政権における保育政策の特徴

　朴槿恵大統領は女性有権者の支持を得て当選したものの，女性のために打ち出した公約はあまり実現せず，朴槿恵政権における女性政治家の存在感はむしろ弱まった。その朴槿恵大統領が必ず実現すると公約したのが「国家責任保育」だった。女性全体の地位改善を目的とする一般的な女性政策とは違って，特定の年齢層に直接経済的な利益をもたらすという点で保育政策は支持率と直結する政策であった。

　朴槿恵政権において，保育政策は李明博政権と同様に保健福祉部で策定され，保健福祉委員会で審議された。第19代大韓民国国会（2012～2016）において保健福祉委員会に占める女性議員は，歴代国会で最も高い42.9％（所属委員21人のうち9人）であった。また，保育政策の根拠となる嬰幼児保育法の改正案は計134件が提出された。そのうち議員提出案は125件であり，なかでも女性議員による法案提出は40.8％を占める51件であった。前の国会で37.5％であった女性議員の割合が42.9％に上昇し，それに連れ，女性議員による法案提出も31.0％から40.8％に増加したのである。

　盧武鉉政権が拡充し始めた保育政策を経路依存的に継承したものの，全ての子どもを対象とする普遍的な政策への転換には消極的だった李明博政権とは違って，朴槿恵政権は全ての0～5歳児を対象に親の所得とは関係なく保育料または養育手当を支援する「国家責任保育」を実現した。しかし，前章で検討した通り，20年ぶりに同じ年に行われた国会議員総選挙と大統領選挙を控えて財政的な裏付けなしに保育の全面無償化が決定された結果，財政問題が発生してしまった。

この問題を解決するために，朴槿恵政権は政府の予算を増やす代わりに，大統領の持つ制度的権限を積極的に利用して嬰幼児保育法の施行令を改正することで財政責任を地方に転嫁した。財源の詳細は施行令（大統領令）で決めるという条項を利用して，国会の関与を遮断したのである。また，財政負担を減らすために，利用者のニーズに合わせることを意味する「合わせ型保育」を推進した。実際に削減できる予算は少額に過ぎず，専業主婦への差別であるという批判が高かったにもかかわらず，朴槿恵大統領は，強力なリーダーシップを発揮してこれを実現した。

無償保育の財源をめぐる中央政府と地方政府の対立

　国庫補助率をめぐる対立　幼稚園に関して規定している幼児教育法は，第3条で「国家及び地方自治体は，保護者とともに幼児を健全に教育する責任を負う」としている。保育施設に関して規定している嬰幼児保育法も，第4条第2項で「国家と地方自治体は，保護者とともに乳幼児を健全に保育する責任を負い，これに必要な財源が安定的に確保できるように努力しなければならない」としている。つまり，幼児教育と保育に必要な財源を確保する責任は，政府だけでなく自治体にもある。

　当時，保育事業における財政分担率を見ると，ソウル市と政府間の割合は80対20であり，ソウル市以外の自治体と政府間の割合は50対50となっていた。そこで，政府の国庫補助率を20％引き上げて，ソウル市と政府間の割合を60対40，他の自治体と政府の割合を30対70にすることを盛り込んだ嬰幼児保育法改正案が国会の保健福祉委員会にて与野党全会一致で了承された（『保健福祉委員会会議録』2012年11月22日）。

　しかし，同改正案に対して，企画財政部は財政負担などを理由に反対しただけでなく，与党議員や保育政策を所管する保健福祉部の長官でさえ同改正案の

本会議への上程を必死に阻止しようとした(『法制司法委員会会議録』2013年2月20日)。そのため，同改正案は法制司法委員会で数ヶ月間係留されたまま，本会議には上程されなかった。

これを受けて，保育事業における国庫補助率が20％に過ぎないことで最も大きな負担を抱えていたソウル市は，自治体の先頭に立って政府・与党に同改正案の成立を求めた(『聯合ニュース』2013年9月2日)。この過程で自治体は野党である民主党の支持を求めることになった。例えば，セヌリ党所属の金文洙(キム・ムンス)京畿道知事でさえ「保育予算の問題は，与野党を超えて超党派的な検討が必要な問題である」，「国家的な問題として受け止めることで，危機が訪れる前に解決してほしい」と民主党への期待を明かした(『聯合ニュース』2013年7月2日)。自治体の立場からすると，差し迫っている財政危機を克服するためには，大統領の強いリーダーシップの下で政府と一体となって動いている与党・セヌリ党は頼りにならず，野党・民主党の助力が必要だったのである。

政府は自治体が補正予算を編成して無償保育予算の不足額の22％を用意する場合に限って，残りの78％を政府から支援するという方針を明らかにした。自治体の補正予算編成を前提に，不足していた7,214億ウォンの78％を目的予備費と特別交付税で支給するということであった(『聯合ニュース』2013年9月2日)。

しかし，朴元淳ソウル市長は，政府の提案を拒否し，「無償保育における国の責任を強化する嬰幼児保育法改正案の成立のためには市民の力が必要だ」という広告をバスや地下鉄に掲載して，一般国民に支持を訴えた(『東亜日報』2013年8月21日)。このような取り組みにもかかわらず，同改正案は結局成立せず，ソウル市は政府の要求通り2,000億ウォンに達する地方債を発行することを前提に，政府から目的予備費と特別交付税を受け取って無償保育の予算を執行した。

これを受けて，与党・セヌリ党は「ソウル市の能力で十分編成できた無償保

育の予算を，政府の責任であるとして予算を組まなかった結果，子どもや親に不安を抱かせた」として朴元淳市長に謝罪を求めた（『聯合ニュース』2013年9月6日）。他方，民主党は，朴元淳市長を擁護し，「無償保育は朴槿恵大統領の公約であり，全面実施を決めたのも国会であるため，財政負担における政府の負担を増やすのは当然だ」としながら，改めて法制司法委員会で係留されている嬰幼児保育法改正案の成立を求めた（『聯合ニュース』2013年9月10日）。結局，政府は嬰幼児保育法改正案に盛り込まれている「国庫補助率20％引き上げ」という案を10％にする妥協案を提示することになった（『聯合ニュース』2013年9月25日）。

こうした政府の動きに対して，国会の保健福祉委員会の野党議員らは，同委員会で与野党の合意で成立させた改正案を法制司法委員会で棚上げにして本会議に上程しない政府・与党を厳しく批判した。しかし，保健福祉部長官は辞任を表明し，与党議員全員が会議に欠席したため，超党派的な合意を生み出すことができず，保健福祉委員会は，国庫補助率を10％引き上げに妥協しようとする政府の試みを牽制することに失敗した（『保健福祉委員会会議録』2013年9月27日）。

3ヶ月後に開かれた保健福祉委員会で野党議員らは，改めて「保健福祉委員会が全会一致で決めた20％という国庫補助率の引き上げ率を10％に下げようとする政府の修正案をそのまま受け止めるのは，一貫性に欠ける行為であり，保健福祉委員会への国民の信頼を損ねかねない」として与党議員に協力を求めた。しかし，会議に出席した与党議員が全員沈黙したため，党派を超えた合意は生まれず，保健福祉委員会が政府を牽制することは，またしてもできなかった（『保健福祉委員会会議録』2013年12月17日）。

にもかかわらず，野党議員らが引き続き反対したこともあって，保育事業における国庫補助率は，従来の20％引き上げ案と政府の10％引き上げ案の間を

とって，15％の引き上げということで妥協が成立した。その結果，財政負担率は，ソウル市と政府の場合65対35，ソウル市以外の自治体と政府の場合は35対65へと国庫補助率が引き上げられた（『ハンギョレ』2014年1月2日）。

ここで注目すべきは，このような妥協が嬰幼児保育法の改正によるものではなく，予算措置で行われたことである。朴槿恵政権は，国会が関与できる法律の改正ではなく，政府がコントロールできる予算案や大統領令などの行政立法を積極的に利用することで国会を牽制した。

地方教育財政交付金制度　政府が3～5歳児のためのヌリ課程予算を「地方教育財政交付金」で編成することを決定すると，政府と対立する主体は自治体から地方教育庁に変わる。保育事業の財源をめぐる政府と地方教育庁との対立を理解するためには，地方教育財政交付金のあり方についてまとめておく必要がある。

まず，地方教育財政の歳入は，国や自治体の支援金，そして授業料などの独自の収入で構成されている。また，国の支援金は，地方教育財政交付金と国庫補助金からなっているが，地方教育財政交付金が99％以上を占めている（チョン・ミンソク/キム・ドンソン　2015：130）。

地方教育財政交付金法第1条によると，地方教育財政交付金制度は「教育のバランスの取れた発展を図るために，自治体が教育機関や教育行政機関を設置及び管理する上で必要な財源の全部又は一部を国が交付する制度」である。地方教育財政交付金は，教育財政を安定的に確保する機能だけでなく，中央と地方間の垂直的な財政不均衡と自治体間の水平的な財政不均衡を調整するという重要な機能を果たしている（パク・ジョンス　2016：10）。

国の租税収入の一定部分（2016年現在，内国税の20.27％）を教育財政に投入するという地方教育財政交付金制度は，劣悪な状態だった韓国の教育環境を改善し，教育を量的かつ質的に発展させることに大きく貢献した（パク・ジョンス

図表 5-8　地方教育財政交付金の推計と実額　　（兆ウォン）

	2011年	2012年	2013年	2014年	2015年
推　計	36.0	38.4	42.1	45.6	49.4
実　額	36.1	39.2	40.8	40.9	39.5
差　額	+0.1	+0.8	-1.3	-4.7	-9.9

出所：教育科学技術部「2011～2015年中期地方教育財政展望」．
　　　KEDI 地方教育財政研究センター「地方教育財政分析報告書」から筆者作成．

2016：10)。他方，地方教育財政交付金の規模が内国税収入によって決まるという点から，国内景気の低迷が地方教育財政交付金の縮小につながることで，教育財政が深刻な危機に陥るという可能性も排除できない（チョン・ミンソク/キム・ドンソン 2015：131）。

　保育事業の話に戻ろう。同じ5歳児のための支援であっても，幼稚園で実施される幼児教育と保育施設で実施される保育は財源が分かれていた。幼児教育は初等中等教育と同様に地方教育財政交付金から運営されていたのに対して，保育は政府の国庫補助金と自治体の一般会計から運営されていたのである（チョン・ミンソク/キム・ドンソン 2015：132）。ところが，2012年から国が支援する5歳児のためのヌリ課程が実施されると，幼児教育費と保育料両方が地方教育財政交付金から支援されることになった（チェ・ウンヨン 2016：53）。ヌリ課程に関する議論が始まった2011年には内国税の規模が増加傾向にあったため，地方教育財政交付金も毎年3兆ウォンずつ増えることが予測されていた一方，生徒数は減少傾向にあったので教育財政に余裕が生じると考えられたためである（チョン・ミンソク/キム・ドンソン 2015：136）。

　しかし，実際には景気が悪化することで，地方教育財政交付金はむしろ減少した。2013年には1兆3,000億ウォン，2014年には4兆7,000億ウォン，2015年には9兆9,000億ウォンに達する歳入欠陥が発生したのである（図表5-8参照）。にもかかわらず，ヌリ課程の支援対象は，政府の政治的決断で5歳から3～4

歳まで拡大されることになったため，その財源負担をめぐって政府と地方教育庁との対立が深まっていった。

地方教育庁との対立　政府はヌリ課程に対する財政責任を地方教育庁に転嫁するために，行政立法という大統領権限を利用した。大統領令によって嬰幼児保育法の施行令の改正に踏み切ったのである。政府は嬰幼児保育法の施行令第23条第1項で，「無償教育費用を『地方教育財政交付金法』による普通交付金で負担する」と定めた。地方教育財政交付金法の第11条は，「義務教育に係る経費は，教育費特別会計の財源のうち交付金と，第2項の規定による一般会計からの繰入金で充当する」としており，「義務教育」になったヌリ課程に係る経費も地方教育財政交付金から支出しなければならないことになった。要するに，政府が地方教育庁に財政の責任を押し付けることで，自らの責任を見えにくくする「可視性の低下」を狙ったのである（Weaver 1986：186-187；新川 2005：257）。

これを受けて，国会の立法調査処は，嬰幼児保育法に財政の確保や配分方法が具体的に明示されていないまま，その法律の施行令を別法である地方教育財政交付金法によって規定することは，上位法である嬰幼児保育法に抵触するという解釈を打ち出した。また，教育基本法と地方教育財政交付金法の立法趣旨からしても，地方教育財政交付金法の施行令における幼児教育費の範囲にヌリ課程を追加することは上位法である地方教育財政交付金法に抵触すると付け加えた（『聯合ニュース』2014年11月7日）。

政府の施行令改正とそのような行為に対する国会の批判的な見解を背景に，2015年5月29日には「施行令等の行政立法に対して，国会が修正・変更を求めることを可能にする」国会法一部改正法律案が国会本会議で可決された。大韓民国憲法第75条及び第95条の規定により，「大統領令などの行政立法権は，法律の委任する範囲内で行使されなければならない」とされ，「上位法の委任範

囲を超える行政立法は国会の立法権を無力化する恐れがある」という観点から，国会による統制の必要性が提起されたのである。当時，法律の委任範囲を超える行政立法として挙げられていた事例の1つが，前述した嬰幼児保育法の施行令であった。

ところで，韓国の大統領は国会で成立した法案に対して，法案全体に対する一括拒否権（package veto）を持つ。そのため，朴槿恵大統領は前述の「国会法一部改正法律案」に対して，拒否権を行使した。他方，国会は大統領が拒否権を行使した法案について，再議決することで大統領の拒否権を棄却することができる。大韓民国憲法第53条第4項によると，拒否権棄却の条件は，現職議員の過半数の出席と出席議員の3分の2以上の賛成である（ムン・ウジン 2013：80）。

そこで，国会は本会議を開き，朴槿恵大統領が拒否権を行使した同法案に対する再議決を試みたが，与党議員の投票不参加により失敗に終わった。全298議席のうち過半数の160議席を占めていた与党・セヌリ党が「採決に欠席する」ことを決め，大多数のセヌリ党議員が党の方針に従って投票しなかったため，定足数不足で再議案は採決されなかったのである。その結果，同法案は本会議に係留されたまま，翌年5月末終了する第19代国会が終わると自動的に廃案となった（『聯合ニュース』2015年7月6日）。

以上の経緯により，財政負担を押し付けられることになった各地方教育庁の教育監は，「ヌリ課程の予算編成を拒否する」と宣言した。これに対して，政府は「地方教育庁に対する交付金増額はしない」という方針を明らかにした（『東亜日報』2014年10月16日）。教育部は政府に対して2015年度ヌリ課程の予算として2兆2,000億ウォンを要求したが，企画財政部は内国税収入が減少していることを理由に，ヌリ課程のための予算を一切計上しなかった。

また，政府は地方選挙をきっかけに導入された「無償給食」のせいで地方財政が破綻したと指摘し，無償保育に国の予算を投入しないことへの批判をかわ

そうとした（『ハンギョレ』2015年1月28日）。政府は自治体に対して無償給食を廃止し，その予算をヌリ課程に投入することを要求したのである。無償給食は自治体の裁量であり，必ずしも実施しなければならない政策ではないのに対して，ヌリ課程は朴槿恵政権の公約であるため，優先的に財政を投入しなければならないという主張がなされた（『聯合ニュース』2014年11月9日）。

ここで政府が取ったのは，異なる利害を持つ集団間の対立を煽ることで非難の矛先をかわす「スケープゴート（scapegoat）の発見」という戦略であった（Weaver 1986：387-388；新川 2005：257）。無償保育と無償給食の対決構図を作ることで，無償保育の恩恵を受けている0～5歳児の親と無償給食の恩恵を受けている小中学生の親の対立構図を創り出したのである。そのため，第一子の給食費と第二子の保育料の間でどちらを選択するかという問題に直面する皮肉なケースが続発した（『ハンギョレ』2015年1月28日）。

政府の強硬対応と総選挙　2014年末，ヌリ課程はついに中断の危機にさらされたが，政府は行政立法で地方教育庁に責任を押し付けていたため，ヌリ課程への予算という名目では教育庁を支援することができなかった。そこで選択されたのが「迂回支援」という方法であった（『ハンギョレ』2014年11月25日）。政府は「ヌリ課程」の救済という名目ではなく，「特性化高校の奨学金」，「初等ケア教室」，「放課後学校支援」などの目的予備費を増やしたのである。

国会の安全行政委員会は，地方教育庁が地方債を発行してヌリ課程の予算を編成できるように，地方財政法の改正案を採択した（『安全行政委員会会議録』2015年4月28日）。しかし，このような方法は対症療法に過ぎなかったため，1年後の2015年末には同じ問題が再浮上した。政府は今度もまた予備費を増額して，地方教育庁のヌリ課程の予算問題に対応した（『聯合ニュース』2015年12月3日）。

その後政府は，強硬姿勢に転ずる。ヌリ課程の予算を編成しない地方教育庁

に対して，法的・行政的・財政的な手段を総動員する方針を明らかにしたのである。具体的に，ヌリ課程の予算を編成しない地方教育庁に対して，「再議の要求・最高裁判所への提訴・補助金の削減など，ありとあらゆる方法を総動員して断固とした対応を取る」方針を発表した（『ハンギョレ』2015年12月24日）。

また，セヌリ党は「ソウル・京畿・光州・全南など，野党が議会で多数を占めている地方の教育庁において，ヌリ課程の予算が編成されていない」と指摘し，野党が国会議員総選挙を控えてヌリ課程の予算問題を政治的に利用していると強く非難した（『聯合ニュース』2016年1月6日）。さらに，朴槿恵大統領は記者会見を開き，ヌリ課程問題について「子どもを人質に，事実を歪曲して政治的攻撃の手段としてはならない」と，地方教育庁を批判した（『聯合ニュース』2016年1月13日）。

こうした政府の対応に対して，親たちの怒りと不満が各種ポータルサイトの育児コミュニティやソーシャルネットワーク（SNS）を中心に広がった。「毎年保育予算をめぐって大騒ぎになっているのに，政府はなぜ国家責任保育という公約を守らないのか」という不満の声が高まった（『ハンギョレ』2016年1月22日）。またマスコミは，「総選挙を目前に控えて，果たして与党はヌリ課程の予算を支援しないという決定を下せるのか」と問いながら，「もしそうなら，総選挙で親たちが絶対許さない」と強い憤りを示した（『聯合ニュース』2016年1月4日）。

全国女性連帯が0〜5歳の子どもを持つ親1,425人を対象に行ったアンケート調査を見ても，朴槿恵政権の保育政策に対して「非常に不満」であるという回答は61.1％，「不満」が27.9％と，不満を持つ親が89％に達した。他方，「満足」は1.2％，「非常に満足」は0.4％に過ぎなかった（『聯合ニュース』2016年11月8日）。膨大な予算をかけて保育の全面無償化が実現したにもかかわらず，受益者である親たちのほとんどが保育政策に満足していなかったのである。

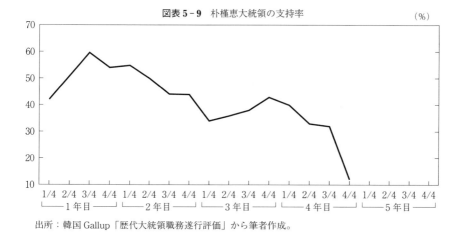

図表 5-9 朴槿恵大統領の支持率

出所：韓国 Gallup「歴代大統領職務遂行評価」から筆者作成。

このように，政府に対する若年層の不満が高まる中で行われた第20代総選挙で，4年前に152席で単独で過半数を占めた与党・セヌリ党は，30議席を減らして122議席となり，123議席を確保した野党・ともに民主党（民主党）に院内第一党の座を奪われた。2008年第18代総選挙で李明博政権が達成した統一政府が，8年ぶりに分割政府に転落したのである。その後朴槿恵大統領の支持率は，下降の一途を辿った（図表5-9参照）。

多数党となった民主党は，新たな戦略を立てた。ヌリ課程の予算問題を法人税引き上げ問題とリンクさせて解決しようとしたのである。当時，民主党はヌリ課程の予算における国庫負担の引き上げと法人税の引き上げを主張していた。他方，与党・セヌリ党はヌリ課程の国庫負担増と法人税引き上げ両方に反対していた。民主党が与党にどちらかでの譲歩を求めると，セヌリ党は「全く関係のない2つの問題の間で取引は成立しない」と協議を拒否したため，与野党の交渉は難航すると思われた（『聯合ニュース』2016年11月25日）。

ところが，2016年12月2日，事態は急転する。朴槿恵大統領の長年の知人・崔順実（チェ・スンシル）氏による国政介入事件で朴槿恵大統領が弾劾を受ける

可能性が浮上すると，朴槿恵大統領の強力なリーダーシップの下で政府と一体となって動いていた与党・セヌリ党は，急いで朴槿恵大統領から距離を置くようになったのである。

　結局，与党はヌリ課程の予算に対する国の責任を強める案を受け入れ，野党は法人税引き上げを撤回することで合意に達した（『聯合ニュース』2016年12月2日）。与党・セヌリ党は，3年間「ヌリ課程特別会計」を設けることで，野党と合意する。野党と地方教育庁の要求通り，ヌリ課程における国庫負担を法制化することにしたのである。その結果，保育施設へのヌリ課程の予算額の45％である8,600億ウォンを政府から支援することになった（『東亜日報』2016年12月3日）。

合わせ型保育の強行

仁川保育施設児童虐待事件　2015年1月8日には，仁川（インチョン）市のある保育施設で保育士が4歳の女の子を暴行する事件が起きた。暴行場面を捉えた防犯カメラの映像がインターネット上に公開されると，親たちの怒りは爆発した（『聯合ニュース』2015年1月14日）。わずか2ヶ月前の2014年11月にも保育士が4歳児の両手首をひもで縛って虐待した疑いで書類送検され，同年12月には保育士が2歳児を頭の高さまで持ち上げて放り投げる行為を繰り返す場面を写した防犯カメラの映像が公開されることで，韓国社会に大きな衝撃を与えていた（『中部日報』2015年1月14日）。これら3件の事件は，いずれも仁川市の保育施設で起きたため，仁川市に管理監督責任を求める声が相次いで届けられた。

　仁川地域の親たちは集会を開き，①保育士の資格審査強化，②保育士の処遇改善，③全国全ての保育施設に防犯カメラ設置義務化及び映像保存期間法制化などを要求した（『聯合ニュース』2015年1月18日）。女聯など7つの団体も

記者会見を開き,「政府は今回の事件の根本的な原因とは論理的な関連性のない『家庭養育強化策』を解決策として打ち出した」とし,朴槿恵大統領は公約であった国家責任保育を実現し,保育政策の公共の責任を果たすよう促した(『聯合ニュース』2015年2月4日)。

　このような事件が発生した原因は,複合的であるといえる。まず,あまりにも資格基準が緩いという問題がある。保育士の資格は,通信制大学で17の関係科目だけ履修すれば取得することができる。保育教職員資格申請者の脱落率が5％以下であるということを考えると,誰でも保育士になれるといえるだろう。

　第二に,給与など保育士の処遇が劣悪であるという問題がある。10年経歴の保育士の場合,月給は150万ウォンを少し超える程度の低賃金である(『聯合ニュース』2015年1月19日)。全経連が公開した「勤労者勤続年数別賃金格差分析」で明らかになった10年経歴の労働者の平均賃金が375万ウォンであることを考えると,半分以下である。

　第三に,政府の管理監督体制の甘さを指摘することができる。暴行事件が発生した仁川市の保育施設は,昨年100点満点で75点以上であれば獲得することができる評価認証を95.36点という高得点で合格していたのである(『聯合ニュース』2015年1月14日)。仁川市の保育施設指導点検率は17市道のうち3番目に低かった。保育施設は2,252施設に達しているにもかかわらず,担当公務員は38人に過ぎなかったためである。1人当たり59.3もの保育施設を担当しており,十分な監督指導ができていなかったと考えられる(『聯合ニュース』2015年1月22日)。

　2015年1月16日,野党が出した解決案は,保育施設に防犯カメラの設置を義務付けるように嬰幼児保育法を改正することであった。保育施設における防犯カメラ設置の義務化は,2005年に初めて提案されてから,過去10年の間に4回試みられた。しかし,保育施設側はもちろん,人権侵害を懸念する市民団体の

反発でことごとく失敗に終わっていたため，今回も成立が容易ではないと予想された（『聯合ニュース』2015年1月18日）。嬰幼児保育法の改正案は，国会本会議で出席議員171人のうち，賛成83人，反対42人，棄権46人で，予想通り過半数の賛成を得られず，否決された。

これに対して親たちは，「政治家を信頼した自分たちがバカだった」，「本会議で反対・棄権した議員と政党をこれからは支持しない」と強く反発した（『聯合ニュース』2015年3月4日）。仁川保育施設児童虐待事件の被害者の母親は，「防犯カメラがなかったら，事件が世の中に知られることもなかった」とし，「防犯カメラは子どもを守るための最小限の安全装置」であると主張した（『聯合ニュース』2015年3月5日）。こうした親たちの激しい怒りに押されて，国会は約2ヶ月後，嬰幼児保育法改正案を成立させた（『聯合ニュース』2015年4月30日）。

合わせ型保育をめぐる論争　仁川保育施設児童虐待事件が発生してから1週間後の2015年1月16日，保守系新聞の代表格とされる東亜日報は，2年前に保育の全面無償措置が実施されてから，自宅で子どもを養育していた専業主婦も保育施設に子どもを預けることが多くなったことが，児童虐待事件につながったと論じた（『東亜日報』2015年1月16日）。

それからまた1週間後，保健福祉部はこのような主張に沿って児童虐待事件の責任を専業主婦に転嫁することで，政府が管理監督を怠った責任を回避しようとし，さらに，無償保育の合理化を試みた。専業主婦という「スケープゴートを発見」したのである（Weaver 1986：387-388；新川 2005：257）。

文亨杓（ムン・ヒョンピョ）保健福祉部長官は，大統領業務報告事前ブリーフィングで，「不要」な保育施設の利用を誘引するシステムの見直しが必要であると明らかにした（『聯合ニュース』2015年1月22日）。文長官は「家庭養育が重要である」と力説する一方（『保健福祉委員会会議録』2015年1月28日），「専業主婦が全日制の保育施設に子どもを預ける理由はない」とし，専業主婦の保育

施設利用の需要を減らす意向を表明した（『聯合ニュース』2015年1月23日）。

　与党・セヌリ党の沈在哲（シム・ジェチョル）議員も，児童虐待事件の背景には，無償保育の実施で需要が急増したという問題があると指摘した。また，「支援する必要がない高所得専業主婦にもただで（保育サービスを）提供している」とし，「母親の就労と所得に合わせて保育料支援に差をつける」ことを提案した（『NEWSIS』2015年1月28日）。

　保健福祉委員会の野党議員は，保健福祉部長官が「専業主婦の子どもに対する保育施設利用制限」を「家庭養育支援強化」に名前を変えて政策を推進しようとしているとして批判した。また，保育士資格を付与する権限は保健福祉部にあるにもかかわらず，児童虐待の理由を専業主婦の「不要」な保育需要に求め，「保育施設の不要な需要構造を見直す。養育手当を専業主婦に追加的に支給してでも過剰需要を解決する」とした長官の態度を非難した（『保健福祉委員会会議録』2015年1月28日）。

　専業主婦の間でも，「不当な差別である」，「様々な形態の女性の労働を無視している」とし，強く反発した（『聯合ニュース』2015年8月24日）。このような不満は，若い母親が主に利用しているインターネットの育児コミュニティを介して増幅された。「専業主婦が保育施設に子どもを預けないと再就職を準備するのは難しい」，「自らの意思で専業主婦になったケースはあまりない。妊娠して会社を辞めざるをえなかったことも悔しいのに」などという意見が書き込まれ，誰もが対象となる普遍的な保育政策に対する専業主婦の権利を主張した（『聯合ニュース』2015年1月23日）。

　専業主婦の不要な需要を抑制するために保健福祉部が推進しようとしていたのが，いわゆる「合わせ型保育」であった。専業主婦と働く主婦の子どもに分けて「それぞれの必要に合わせて」保育を提供するというものである。必要に合わせるとしながらも，親に選択権を与えるのではなく，全日制保育が必要で

あるということを証明できなければ半日制に分類される仕組みとなっており，専業主婦だけでなく不安定な雇用のため就労を証明することができない母親たちからも大きな反発を買った。

　また，合わせ型保育を導入する正当性も疑問視された。所管省庁である保健福祉部でさえ野党議員らが指摘した以下の３点を認めていたのである。① 資格を分類するための行政費用や半日制の場合でも全日制の80％の保育料を支援するので，予算が大きく減るわけではない（全体13兆のうち359億ウォン減るに過ぎない），② 半日制と全日制の子どもが同じクラスにいるため，保育士の勤務時間には変わりがない，③ ３つの地域で行われたモデル事業の結果，半日ではなく引き続き全日制保育を希望するとした割合がそれぞれ96％，98％，90％であった（『保健福祉委員会会議録』2015年８月24日；2015年10月22日；2015年11月12日）。

　にもかかわらず，政府が合わせ型保育の実施を強行しようとすると，野党３党から50人の議員が「保育政策の正常化を促す決議案」を，野党・民主党から86人の議員が「合わせ型保育施行延期及び見直しを促す決議案」を提出して阻止を図った。しかし，実施を３日後に控えて与党議員はまた保健福祉委員会の会議に全員欠席することで，政府の強行を許した（『保健福祉委員会会議録』2016年６月28日）。保健福祉部が実施したモデル事業の結果報告書が８月末に出る予定であったが，それを検討もせずに，政府は2016年７月１日実施に固執していた（『保健福祉委員会会議録』2016年７月11日）。

　「与野党が合意した」合わせ型保育の実施を政府が大々的に宣伝すると，野党議員らは虚偽の事実を流布した保健福祉部に説明と謝罪を求め，合わせ型保育の阻止に取り組んでいたことを懸命にアピールした（『保健福祉委員会会議録』2016年６月21日）。専業主婦の差別は憲法違反だという指摘も出たが，合わせ型保育は結局予定通り開始された。その結果，専業主婦には１日６時間と月15時間分の緊急保育バウチャー（超過分１時間当たり4,000ウォンの自己負担）が，働

第5章　保守政権の破滅

朴槿恵大統領の退陣を求める市民たちがソウルの光化門広場に集まった
キャンドル集会を開き，私立学校法改正を阻止することで政治的実力を認められた朴槿恵
は，皮肉なことに，彼女の退陣を求めるキャンドル集会によって破滅に至った。
出所：http://www.labortoday.co.kr/news/articleView.html?idxno=141769

く主婦には1日12時間分のバウチャーが与えられることになった。

このように実効性に疑問のある合わせ型保育を強行した朴槿恵大統領のリーダーシップは，「独善的で強権的な政治手法」によるものであった（奥薗

2016：96)。そのため，2016年4月の総選挙で与党が惨敗すると，次期大統領選挙に勝つための「現政権否定」が始まった。現政権に対する「あら探し」は，結局，青瓦台の機密文書が大統領の知人・崔順実に流出されたという報道から，民間人による国政介入疑惑，いわゆる，「崔順実ゲート事件」にまで及んだ（奥薗 2016：96-98)。朴槿恵大統領の独断的な統治手法と崔順実ゲートに怒りを覚えた韓国国民の5万人（警察推算1万2,000人）は，2016年10月29日，キャンドル集会を開いて抗議した。その後キャンドル集会は，国会が朴槿恵大統領の弾劾訴追案を可決し，憲法裁判所が大統領の罷免を決定した後も続き，翌年4月29日に開かれた第23次キャンドル集会に至るまで，延べ1,700万人が参加した（『時事IN』2017年11月9日)。キャンドル集会を開き，私立学校法改正を阻止することで政治的実力を認められた朴槿恵は，皮肉なことに，キャンドル集会によって破滅に至ったのである。

　以上のように，保育の全面無償化は若年層の支持を動員するための朴槿恵大統領の戦略であった。しかし，保育需要の爆発で財政調達が難しくなった政府は，財政負担の責任を自治体・教育庁に押し付けた。この過程で大統領の持つ制度的権限が積極的に利用された。まず用いられたのは，行政立法である。国会の関与を避け，法律の改正ではなく，大統領令で定められる施行令を改正することで財政の責任を地方教育庁に転嫁した。国会はこうした政府の動きを牽制するための法案を通過させたものの，大統領が拒否権を行使することによって，これを葬り去る。一方，保育施設で児童虐待事件が発生すると，政府は管理監督を怠った責任を回避するために，不要に保育需要を爆発させた専業主婦に非難の矛先を向かわせた。そこで提案されたのが合わせ型保育である。しかし，予算削減効果がほとんどない上に，受益者集団が激しく反発する政策を朴槿恵政権は強行した。それは，与党議員の協力によって可能であった。与党議

員は，各種選挙の成否を左右することで強力なリーダーシップを発揮していた大統領のコントロールの下で，「意思決定に参加しない」という戦略を取ることで，政府の決定を暗に認めたのである。

注
(1) 職権上程とは，法案の審議が期間内に終了しない場合，議長権限で本会議に付議することである。
(2) 川の上を走る高架道路を取り壊し，以前流れていた川を復活させると，清渓川はソウルの新しい観光名所となった。
(3) 前節で説明した通り，朴槿恵は，各種選挙で党を次々と勝利に導くことで「選挙の女王」と呼ばれていた。
(4) 2014年3月26日，民主党は新政治連合と統合することで新政治民主連合になり，2015年12月28日に「ともに民主党」に党名を変更した。

終　章
保育政策と韓国の福祉国家

1　韓国の大統領制と保育政策

　脱商品化と脱家族化の水準がともに低いことで，従来家族主義福祉レジームに分類されてきた韓国は，ケアにおける家族の責任を強調することで，出産や育児を支援する諸政策からなる家族関係社会支出を抑制してきた。しかし，近年韓国はこうした傾向から大きく逸脱し，とりわけ保育政策を急速に拡充してきている。

　なぜ，韓国は保育政策を急速に拡充したのか。また，こうした拡充にもかかわらず，受益者集団が今なお不満を募らせている理由は何か。本書は，韓国の大統領制からその糸口を探り，保育政策の政治過程を分析することで，韓国の福祉国家に対する理解を深めることを目指した。

　筆者は，韓国が保育政策を急速に拡充したことを大統領制から説明しようとした以下の先行研究を踏まえて本書の分析枠組を設定した。まず，春木（2008）は，大統領がリーダーシップを発揮できる政治的局面を分析枠組としているが，リーダーシップが強い場合にも弱い場合にも保育政策はとにかく拡充されている。次に，エステベス‐アベとキム（2014）は，大統領の強い意志と女性部の役割に焦点を当てているが，このような分析枠組では，大統領が保育政策の拡

充への強い意志を持たないだけでなく，保育業務が女性部から保健福祉部に再移管された保守政権以降を説明できない。

そこで，本書は大統領の政策選好形成と彼らのリーダーシップによる与野党議員の戦略変化という分析枠組から保育政策の政治過程を考察した。また，予算規模からすると，確かに右肩上がりではあるものの，個別プログラムからすると，拡充だけでなく合理化も図られてきたことに着目し，保育政策の拡充と合理化の両面から分析を行った。

「保育政策の拡充」をめぐる政治過程

分析の結果，保育政策の拡充という大統領の選好は韓国政治における対立構造によって規定されたことが明らかになった。まず，「地域間対立」が深刻化していた際に，人口が少ない地域を支持基盤としていたか，地域的な支持基盤を持たなかった革新派大統領（金大中・盧武鉉）は，有権者の中で女性が占める重要性が認識されると，「女性」からの支持を動員するために，女性の地位向上のための制度改革に乗り出し，その結果を利用して保育政策を拡充した。次に，福祉をめぐる政党間競争が激化していく中で，「世代間対立」が鮮明になると，「若年層」の保守離れに悩んでいた保守派大統領（李明博・朴槿恵）は，保育政策をさらに拡充し，保育の無償化を全面的に実施することで若年層からの支持動員を図った。

保育政策の拡充は，「特定の社会集団に有形の財を与える」政策であるため，議員から手柄争いの手段として支持されやすい。そのため，各大統領は与野党議員から反対されることなく，保育政策を拡充することができた。以下で詳しく紹介しよう。

まず，金大中政権は，アジア通貨危機による貧困や失業など従来型の社会的リスクへの対応に迫られていたため，ケアの空白という新しい社会的リスクに

対応する余裕がなかった。保育など社会サービスには手が回らなかったのである。それゆえ，保育政策の拡充ではなく，ジェンダーをめぐる制度改革を通じて，女性からの支持動員を図った。依然として救貧的かつ選別的な性格を帯びていた保育政策は，貧困層の子ども，なかでも5歳児に就学前予備学習の機会を与えるための保育料支援を中心に展開された。

深刻な少子化問題が表面化する中で発足した盧武鉉政権は，貧困層のための選別的な差等保育料制度と中間層のための普遍的な基本補助金制度を同時に展開することで，経済格差の是正とともに少子化問題の解決を図った。また，保育政策の拡充は，女性という新たな支持基盤を形成するとともに，盧大統領に友好的であった若年層のニーズを充足させるためのものであった。盧大統領は，女性クォータ制をさらに拡大し，巨大省庁の保健福祉部で常に後回しにされていた保育業務を女性部に移管することで，より多くの女性を保育政策の政治過程に参入させ，保育政策の拡充を図った。

李明博政権は，新自由主義的な理念に反する保育政策の拡充という方向性を経路依存的に継承せざるをえなかった。もはや有権者にとって当然の利益とみなされていた保育政策の拡充を後退させることは，ただでさえ保守離れが深刻化していた若年層から支持を撤回される恐れがある選択肢であったためである。李明博政権は，政府から相当な保育料支援を受けていることを有権者に実感してもらうために保育バウチャー制度を導入した。また，福祉をめぐる政党間競争が激しくなる中で，無償給食というアジェンダを野党に先取りされてしまうと，無償保育の実施を決断することで巻き返しを図った。

朴槿恵大統領は，ハンナラ党の大統領候補を選ぶ予備選挙で李明博に敗北した直後から，福祉を自分の商品として売り出し，全国民のライフ・サイクルに合わせた社会サービスを拡充することを公約として掲げ，韓国初の女性大統領となった。とりわけ，基礎老齢年金など高齢者向けの公約は大きく後退したが，

全ての0〜5歳児を対象に親の所得とは関係なく保育料または養育手当を支援する国家責任保育という公約は放棄されず実現した。逃げる心配のない固い支持基盤であった高齢者とは違って，保守離れの傾向を見せていた若年層の支持をつなぎとめるためであった。

「保育政策の合理化」をめぐる政治過程

以上，歴代大統領が支持動員の手段として保育政策を利用したことを明らかにした。しかしながら，大統領の政策選択は，もちろん有権者の支持動員のためだけではない。アジア通貨危機以降常態化していた財政赤字の中で保育関係予算が急激に増えると，各大統領は財政健全化のために保育政策の拡充とともに，その合理化を図った。

保育政策の合理化は，「特定の社会集団に損失を与えることで，選挙で有権者から仕返しを受けやすい」政策であるため，非難を避けたい与野党議員は，大統領のアジェンダを支持することも支持しないこともできない困難な状況に陥りかねない。

韓国の選挙制度からすると，再選という議員の選好を実現するためには，基本的に「政党執行部の方針に従う」ことで所属政党から公認を受けるという戦略が有効となる。そのため，野党議員は，大統領の不人気な政策に賛成することも反対することもありうる野党執行部の方針に従う可能性が高い。しかし，与党議員の場合，政党執行部よりは大統領のリーダーシップの影響をより強く受けるといえる。

大統領のリーダーシップが強い場合は，通常大統領が与党候補者の公認権を行使できるため，与党議員が大統領のアジェンダに反対することは難しい。他方，大統領のリーダーシップが弱い場合，大統領は与党の候補者公認に関与することができない上に，与党議員は不人気な大統領から距離を置くことで支持

率を維持しようとするため，大統領のアジェンダに反対する可能性が高い。

　以上の仮説に沿って分析した結果を以下にまとめる。まず，金大中政権が考えていた保育政策は，救貧的かつ選別的なものであったため，保育施設が保育料を自由に策定できる保育料自由化の実現を試みた。しかし，当時大統領のリーダーシップは任期末，低支持率，分割政府，与党分裂などの政治的文脈の中であまりにも弱くなっていたため，保育政策を審議する保健福祉委員会ではこの問題がアジェンダにすらならなかった。ゆえに，与野党議員があえて反対する必要もなく，この問題は自然消滅した。

　盧武鉉政権は，保育政策の急速な拡充により保育関係予算が一気に増えると，財政負担を軽減するために，保育料を自由化しようとした前政権の試みを復活させた。その過程で，不人気な政策にポジティブな意味付けを与えたり，代償の政策を提案する非難回避の政治が展開された。野党議員は，保育料自由化に賛成する立場であった野党執行部の方針に従い，保育料自由化に反対せず沈黙したものの，与党議員が言を左右にする女性家族部に圧力をかけたため，保育料自由化は失敗した。3年近く統一政府を維持した盧武鉉政権だが，与党内の派閥間対立が深刻であっただけでなく，低支持率が続く中，補欠選挙で相次ぎ全滅すると，大統領はリーダーシップを発揮することができなかったのである。

　李明博政権は，保育料支援の金銭的価値の可視化による保育需要の爆発的な増加に，保育料支援額の3分の1をカバーするに過ぎない養育手当を導入することで対応しようとした。強いリーダーシップを発揮していた李明博政権の養育手当という合理化戦略は，受益者に直接現金を給付するわかりやすい人気取り政策であったため，野党議員でさえ，これに公然と反対することができなかった。そして「養育手当は再家族化をもたらし，女性の労働力参加を妨げる恐れがある」という野党議員からの指摘に対し，与党議員は，「子どもは母親が育てるのが良い」という保守的なイデオロギーを用いて大統領のアジェンダ

を擁護した。こうした与党議員の動きに反対するはずであったフェミニスト官僚と女性団体は、保育業務が女性部から保健福祉部に再移管されることで、影響力を行使できるチャネルを奪われてしまい、積極的に働きかけることができなかった。

　朴槿恵政権は、国家責任保育を実現するために必要な財源を確保できておらず、様々な戦略を用いて政府の財政負担を軽減しようとした。まず、地方教育庁に財政責任を転嫁するために、嬰幼児保育法の施行令を改正した。それに対し、国会は反撃に出たが、朴槿恵大統領が拒否権を行使し、与党議員は再議決に参加しなかったため、失敗に終わった。さらに、地方教育庁が財源を調達できない理由を無償給食に求め、保育施設で発生した児童虐待事件の責任を専業主婦の不要な需要に転嫁するなど非難回避の政治が展開された。また、専業主婦の子どもの保育施設利用時間を制限するという合理化戦略に、野党議員は猛烈に反発したが、与党議員は会議に度々全員欠席することで、強力なリーダーシップを発揮していた大統領のアジェンダを黙認した。

保育政策の政治過程において利用された大統領権限

　韓国が直面した保育政策の拡充と合理化というディレンマに対応するため、大統領は、制度的・非制度的権限、双方を積極的に利用した。

　まず、韓国の大統領は行政府の首班として国務委員（国務大臣）を含む行政公務員の任免権を持つ。そのため、大統領は省庁官僚の人事を通じて行政組織を統制することができる（春木 2008：83）。盧武鉉大統領は、こうした権限を保育政策の拡充のために利用した。まず、女性の視点から保育政策を拡充するため、女性団体の関係者を女性部の長官や官僚として迎え入れた。また、保育業務を保健福祉部から女性部に移管することに保健福祉部が反対することを抑えるため、女性クォータ制の導入で比例代表として新千年民主党の議員となっ

終　章　保育政策と韓国の福祉国家

た金花中を保健福祉部長官に任命した。彼女は大統領の期待に応えて，省庁利己主義に走らず，女性部への保育業務移管に積極的に協力した。

　韓国の大統領は，行政公務員の任免権以外にも，予算案提出権や大統領令制定権，法律案拒否権などを持つ。とりわけ予算案提出に関して，憲法第57条は「政府の同意なしに政府が提出した支出予算各項の金額を増額することや新しい費目を設置することはできない」と規定しており，国会による一方的な予算増額は認められていない。李明博政権は，養育手当の拡充を宣言する一方，予算措置を取らず，政策の実施を先送りした。朴槿恵政権も，大統領選挙当時の公約であった国家責任保育を実現したものの，必要な予算措置を取らず，財政責任を地方教育庁に転嫁した。

　こうした責任転嫁は，大統領令制定権という大統領権限があるからこそ，可能であった。朴槿恵政権は，国会の介入を避けるために，法律の改正ではなく，大統領令で定められる施行令を改正することで財政責任を地方教育庁に押し付けた。国会はこうした政府の動きに歯止めをかけようと「施行令等の行政立法に対して，国会が修正・変更を求めることを可能にする」法案を通過させるが，朴槿恵大統領は拒否権を発動し，これを葬った。

　次に，大統領の省庁再編に対する実質的権限について見てみよう。憲法第96条では，行政組織の設置や職務範囲は，特定の人物や政党ではなく，国会が決めることになっている。しかし，実際に省庁再編案を作成するのは，大統領職引き継ぎ委員会である。大統領職引き継ぎ委員会が次期大統領の公約や意思に基づいて省庁再編案を作成すると，与党議員らが共同で発議するという形で，新しい政府組織法を国会で成立させるのである（オ・ジュングン　2013：75-78）。盧武鉉政権は，こうした権限を利用して保育業務を保健福祉部から女性部に移管した。フェミニスト官僚と女性団体を保育政策の政治過程に参入させることで，女性の視点から保育政策の拡充を図るためであった。他方，李明博政権は，

保育政策を合理化する政治過程への彼女らの介入を遮断するために，保育業務を再び保健福祉部に移管し，女性家族部を女性部に縮小する一方，保健福祉部を保健福祉家族部に拡大した。

2　本書が持つ理論的含意

ジェンダー政治研究

本書では保育政策が女性の利益となるものであり，したがって女性の支持を動員することができる政策であると位置付けている。この点について，保育を女性問題として捉えることは，女性の伝統的役割を強調することになるのではないかという批判があるかも知れない。しかし，筆者がこうした視座に立っているのは，韓国においては性別役割分業の意識が依然として強く，ケアの責任がもっぱら女性に任されている家族主義福祉レジームに属しているからである。

女性の利益となる政策（女性政策）を提案するのは女性であることが一般的であるため（Sawer 2002：8-9），女性の政治参加，特に女性議員の数が増えると女性政策は発展する傾向があるといわれる（Bonoli and Reber 2010：102）。もちろん，女性有権者の役割も無視できない。この点について，堀江（2005）は，女性は有権者の半分を占めるものの，1つの集団として組織化されにくいので，政治家が女性有権者の支持を動員するために，女性政策を打ち出す誘因は弱いという。しかしながら，近年の研究は，女性有権者の支持を得るための戦略として女性政策が発展する可能性があることを示唆している。例えば，辻（2015）は，政党間・政党内競争が激化する中で，支持動員戦略として女性政策が発展したと主張している。このような主張は，韓国を対象としている研究でも見られる（Fleckenstein and Lee 2014；Lee 2018）。

保育政策の政治過程は，ジェンダー政治研究の中では，フェミニスト・トラ

終　章　保育政策と韓国の福祉国家

イアングル（feminist triangle）理論とクリティカル・マス理論によって説明できるように思われる。ホーリー（2008）のフェミニスト・トライアングル理論は，女性アクター，とりわけ女性議員と女性官僚，女性団体が協力することで，女性の実質的代表性や女性政策に変化がもたらされる可能性を示唆した。本書が取り扱っている「保育政策の拡充」は，女性有権者の支持を動員しようとする女性議員と，予算や権限の拡大を図る女性部，女性の地位を向上させようとする女性団体，三者の選好を満たすことができるという点で，フェミニスト・トライアングルが作動した事例として捉えることができる。

　次に，ダーラップ（1988）のクリティカル・マス理論は，政治を変えるために必要な女性議員の割合は約30％であるとする。こうした理論に沿って，フレッケンシュタインとリー（2017）は，韓国の国会に占める女性議員の割合がクリティカル・マスよりはるかに低いことを指摘し，彼女たちの役割をあまり重視していない。しかし，韓国が少数の所属議員によって法律案の主な内容が決まる「委員会中心主義」を採用していることを考えると，保育政策を審議する常任委員会に占める女性議員の割合は，国会全体に占める女性議員の割合よりも大きな意味を持つといえる。保育政策を審議する常任委員会に女性議員が占める割合は，第16代国会で7.1％，第17代78.6％，第18代37.5％，第19代42.9％と，保育政策の急速な拡充が始まった盧武鉉政権以後クリティカル・マスを維持している。また，嬰幼児保育法改正案の中で，女性議員が代表として提出した法案数は，こうした変化に応じて，それぞれ0％から70％，31％，40.8％へと変化している。このように女性議員の役割は，トークン的なものから実質的なものに変化しているのである。

福祉国家研究

　本書は，少子化問題に対応するための各国政府の取り組みの目安として，家

族関係社会支出と，それが社会支出全体に占める割合の変化に着目している。そうすることによって，これまで理念型として存在してきた新川（2014）の四類型，とりわけ家族主義福祉レジームに属する国々を具体的なデータに基づき改めて確認することができた。

しかしながら，その中に従来家族主義福祉レジームとして分類されてきた韓国は含まれていない。それは，近年韓国が家族関係社会支出を急激に増やしてきたためでもあるが，もとより社会支出がOECD加盟国平均の半分以下に過ぎないことに起因する。それゆえ，韓国のような後発福祉国家を対象としている研究において，対GDP比率という指標のみを用いて議論を展開すると，先進福祉国家に比べて「社会支出が低い，ゆえに遅れている」という，いわば「当たり前のことの確認」で終わってしまいかねない。後発福祉国家における社会支出は低いということを前提として，諸制度の特徴と変化の方向性を同時に考察することで，後発福祉国家全てが「自由主義福祉レジームの特徴を持つ」と判断してしまうような愚は避けられるだろう。

金成垣（2010）は，韓国は後発福祉国家であるがゆえに，福祉国家の「形成と同時にその抑制あるいは再編圧力にさらされている」と主張する。このような論理は，福祉国家そのものだけでなく福祉国家の諸制度にも適用される。ケアの空白という新しい社会的リスクに対応するためには，保育政策の拡充が必要であるが，財政健全化のためには，保育政策の合理化も欠かせないのである。そこで，本書は，保育政策の拡充のみならず，これまでの先行研究では注目されてこなかった保育政策の合理化という側面をも同時に考察することで，保育政策の発展過程を総合的に理解するための手がかりを提供している。

権力資源動員論は，通常，労働者の利益を代表する革新政党は，福祉拡大志向であり，資本家の利益を代表する保守政党は，福祉縮小志向であることを前提としている。そして，尹洪植（2010）によると，保育政策は，保守政権の復

帰以降，市場の役割を重視する新自由主義的な方向に向かうことが予想された。しかし，保守政権は，保育政策の拡充という経路依存性を大きく超えて保育の全面無償化を実現した。拡充されつつあった保育政策を後退させることは，若年層から支持を撤回されるリスクの大きい選択肢であったためである。このように，本書は革新政党よりはむしろ政権獲得のために競合している保革二大政党の存在こそが，福祉国家の拡大をもたらす要因である可能性を示唆する。

3　韓国の福祉国家のゆくえ

　本書の問いは，韓国が家族主義福祉レジームの傾向から大きく逸脱し，保育政策を急速に拡充してきたことに着目して導き出された。実際に韓国は家族主義福祉レジームから逸脱しているのか。であるとするならば，韓国の福祉国家はどこに向かっているのだろうか。本書で得られた知見を基に検討してみよう。

　新川（2014）は，脱商品化と脱家族化の水準がともに低い第四類型を家族主義福祉レジームと呼んでいる。脱商品化の前提条件は商品化であり，女性が自らを商品化するためには，脱家族化，すなわち，家庭内ケア労働からの解放が必要となる。家庭内ケア労働の対象としては，子どもと老親が考えられる。

　まず，子どもを対象とする保育政策は，保育料支援と養育手当（いずれも現金給付）を中心に拡充されてきた。しかしながら，保育施設に子どもを預ける場合に受けられる保育料の方が養育手当よりはるかに高額であることを考えると，保育政策は脱商品化だけでなく脱家族化をも促進する方向に発展してきたといえる。

　一方，保育施設の量的拡大は，民間保育施設に大きく依存してきたため，保育の市場化を懸念する声も少なくない。だが，認可と認可外保育施設が存在する日本とは違って，韓国における全ての保育施設は，国の認可を必要としてい

るだけでなく，国の規制とともに支援をも受けている。また，保育料を自由化しようとした試みが挫折することで，平等という原則は依然として守られている。こうした保育政策の拡充は，まだ少子化問題や女性の労働力参加問題の解決にはつながっていないが，保育が個人（主に，女性）の責任ではなく，社会の責任であることを国民に認識させることで，長期的に見れば，上記の問題を解決できる環境が整ったという点から大きな意義がある。

次に，本書の対象外ではあるが，老親の世話という側面から検討しよう。安・林・新川（2015）は，年金制度の導入が遅れた韓国において，老親の脱商品化は子女の仕送りによって支えられてきたことが家族主義的な特徴を一層強めていると主張する。しかし，近年急激な変化が見られる。保健福祉部の「老人実態調査」によると，高齢者の所得のうち，仕送りなどの私的移転は2011年26.5％から2017年15.2％へとわずか6年間で急激に減少している。他方，公的移転は同期間25.2％から27.4％，高齢者本人の収入といえる勤労・事業・財産所得の合計は46.6％から56％に大きく増加した。老親の世話という面においても脱家族化が進んでいるのである。また，公的移転の微々たる増加（2.2ポイント）と本人収入の大幅な増加（9.4ポイント）は，高齢者の脱家族化が子どもの場合とは違って「国家責任の強化」ではなく「個人化」によって図られていることを物語っている。

以上，断片的な考察に過ぎないが，韓国が家族主義福祉レジームから逸脱していることは確かである。ただ，前述のように，子どもと高齢者の脱家族化はそれぞれ社会民主主義的な方向と自由主義的な方向で図られているため，今後，韓国の福祉国家が向かう方向を論じるためには，高齢者のケアなどについてさらなる考察が必要であると思われる。

参考文献

日本語文献

浅羽祐樹・大西裕・春木育美（2010）「韓国における選挙サイクル不一致の政党政治への影響」『レヴァイアサン』47号，65-88頁。

安倍誠（2013）「『ビジネス・フレンドリー』から『経済民主化』へ：李明博政権の財閥・大企業政策と朴槿恵政権の課題」『アジ研ワールド・トレンド』第19巻6号，23-26頁。

安周永（2013）『日韓企業主義的雇用政策の分岐：権力資源動員論から見た労働組合の戦略』ミネルヴァ書房。

安周永・林成蔚・新川敏光（2015）「日韓台の家族主義レジームの多様性」新川敏光編『福祉レジーム』ミネルヴァ書房。

五十嵐暁郎・ミランダ．A．シュラーズ（2012）『女性が政治を変えるとき：議員・市長・知事の経験』岩波書店。

イトペング（2013）「韓国の社会投資政策」落合恵美子編『親密圏と公共圏の再編成：アジア近代からの問い』京都大学学術出版会。

井上睦（2010）「韓国における社会保障制度の拡大要因：政治的機会の開放という視点から」『一橋法学』第9巻2号，269-301頁。

梅田皓士（2014）『現代韓国政治分析：「地域主義・政党システム」を探る』志學社。

大西裕（2014）『先進国・韓国の憂鬱：少子高齢化，経済格差，グローバル化』中公新書。

岡部恭宜（2013）「韓国とタイにおける二つの金融危機と政治変動：内生的危機と外生的危機」『年報政治学』第64巻2号，86-108頁。

奥薗秀樹（2016）「『崔順実ゲート事件』と朴槿恵大統領弾劾・罷免の背景」『朝鮮半島情勢の総合分析と日本の安全保障』日本国際問題研究所。

金淳和（2010）「金大中政権における福祉改革の背景と特徴：韓国の福祉国家化の経済・社会・政治的背景と大統領制のインパクト」『早稲田大学教育学部学術研究地理学・歴史学・社会科学編』58号，61-74頁。

金成垣（2010）「後発福祉国家としての韓国：金大中・盧武鉉・李明博政権の福祉改革」金成垣編『現代の比較福祉国家論：東アジア発の新しい理論構築に向けて』ミネルヴァ書房。

金成垣（2016）『福祉国家の日韓比較：「後発国」における雇用保障・社会保障』明石書店。

金淵明編（2006）『韓国福祉国家性格論争』流通経済大学出版会。

国立社会保障・人口問題研究所（各年度）『社会保障費用統計』。

新川敏光（2005）『日本型福祉レジームの発展と変容』ミネルヴァ書房。

新川敏光（2014）『福祉国家変革の理路：労働・福祉・自由』ミネルヴァ書房。

申琪榮（2013）「ジェンダー政策の形成過程：理論的考察と韓国の事例」『国際ジェンダー学会誌』第11巻，35-58項。

相馬直子（2005）「少子化の進展と『育児支援の生成』」武川正吾・金淵明編『韓国の福祉国家・日本の福祉国家』東信堂。

武川正吾（2005）「韓国の福祉国家形成と福祉国家の国際比較：福祉資本主義の三つの世界」武川正吾・金淵明編『韓国の福祉国家・日本の福祉国家』東信堂。

辻由希（2012）『家族主義福祉レジームの再編とジェンダー政治』ミネルヴァ書房。

辻由希（2015）「安倍政権と女性政策」『法学論叢』第176巻5・6号，348-379項。

内閣府（2014）『平成26年版高齢社会白書』。

中尾美知子（2000）「韓国『国民基礎生活保障法』（1999年9月制定）と生産的福祉」『岩手県立大学社会福祉学部紀要』第2巻2号，31-37項。

日本AIU保険会社（2005）『AIUの現代子育て経済考2005』。

春木育美（2008）「韓国の少子化対策の政治的文脈と大統領のイニシアティブ」『日本比較政治学会年報』第10巻，81-100項。

福井治弘・李甲允（1998）「日韓国会議員選挙の比較分析」『レヴァイアサン』23号，50-77項。

堀江孝司（2005）『現代政治と女性政策』勁草書房。

三浦まり・衛藤幹子（2014）「なぜクォータが必要なのか：比較研究の知見から」三浦まり・衛藤幹子編『ジェンダークォータ：世界の女性議員はなぜ増えたのか』明石書店。

宮本太郎（2013）『社会的包摂の政治学：自立と承認をめぐる政治対抗』ミネルヴァ書房。

参考文献

宮本太郎・イトペング・埋橋孝文（2003）「補論：日本型福祉国家の位置と動態」G. エスピン - アンデルセン編『転換期の福祉国家：グローバル経済下の適応戦略』早稲田大学出版部。

森康朗（2011）『韓国政治・社会における地域主義』社会評論社。

山重慎二（2013）『家族と社会の経済分析：日本社会の変容と政策的対応』東京大学出版会。

山中美由紀（2008）「韓国のグローバル化と少子化現象のゆくえ」『フォーラム現代社会学』第7巻，31-40項。

尹洪植（2010）「福祉レジーム論争と韓国の位置付けに関する新しい眺望：有償労働と無償労働の統合的アプローチ」金成垣編『現代の比較福祉国家論：東アジア発の新しい理論構築に向けて』ミネルヴァ書房。

渡辺雄一（2008）「第17代韓国大統領選挙と李明博新政権の改革構想：脱理念・経済再生・実利主義（トレンド・リポート）」『アジ研ワールド・トレンド』第151巻，32-35項。

英語文献

Bonoli, G., & Reber, F. (2010). The political economy of childcare in OECD countries: Explaining cross-national variation in spending and coverage rates. *European Journal of Political Research, 49*(1), 97-118.

Carey, J. M., & Shugart, M. S. (1995). Incentives to cultivate a personal vote: A rank ordering of electoral formulas. *Electoral Studies, 14*(4), 417-439.

Dahlerup, D. (1988). From a small to a large minority: Women in Scandinavian politics. *Scandinavian Political Studies, 11*(4), 275-298.

Dahlerup, D. (2006). Introduction. in D. Dahlerup (ed.), *Women, Quotas and Politics*. Routledge.

Estévez-Abe, M., & Kim, Y. S. (2014). Presidents, prime ministers and politics of care: Why Korea expanded childcare much more than Japan. *Social Policy & Administration, 48*(6), 666-685.

Esping-Andersen, G. (1990). *The Three Worlds of Welfare Capitalism*. John Wiley & Sons.

Esping-Andersen, G. (1999). *Social Foundations of Postindustrial Economies*. Oxford University Press.

Fleckenstein, T., & Lee, S. C. (2014). The politics of postindustrial social policy: Family policy reforms in Britain, Germany, South Korea, and Sweden. *Comparative Political Studies*, *47*(4), 601-630.

Fleckenstein, T., & Lee, S. C. (2017). The politics of investing in families: Comparing family policy expansion in Japan and South Korea. *Social Politics: International Studies in Gender, State & Society*, 24(1), 1-28.

Holli, A. M. (2008). Feminist triangles: A conceptual analysis. *Representation*, *44*(2), 169-185.

Inglehart, M. L. (1981). Political interest in West European women: An historical and empirical comparative analysis. *Comparative Political Studies*, *14*(3), 299-326.

Kim, S. K., & Kim, K. (2014). *The Korean Women's Movement and the State: Bargaining for Change*. Routledge.

Lazarsfeld, P. F., Berelson, B. & Gaudet, H. (1968). *The People's Choice: How the Voter Makes Up His Mind in a Presidential Campaign*. Columbia University Press.

Lee, S. C. (2018). Democratization, political parties and Korean welfare politics: Korean family policy reforms in comparative perspective. *Government and Opposition*, *53*(3), 518-541.

OECD. (2016) *Education at a Glance 2016: OECD Indicators*. OECD Publishing.

Saint-Germain, M. A. (1989). Does their difference make a difference? The impact of women on public policy in Arizona legislature. *Social Science Quarterly*, *70*(4), 956-968.

Sawer, M. (2002). The representation of women in Australia: Meaning and make-believe. *Parliamentary Affairs*, *55*(1), 5-18.

Taylor-Gooby, P. (2004). New risks and social change. in P. Taylor-Gooby (ed.) *New Risks, New Welfare: The Transformations of the European Welfare State*. Oxford University Press.

Weaver, R. K. (1986). The politics of blame avoidance. *Journal of Public Policy*, *6*(4), 371-398.

韓国語文献

カン・ヨンウク（2002）「嬰幼児保育政策の変遷に関する史的考察」『韓国行政史学誌』

第11巻，293-332頁。

カン・ウォンテク（2004）「インターネット政治集団の形成と参与：ノサモを中心に」『韓国と国際政治』第20巻3号，161-184頁。

カン・ヒョング/イ・スンヒョン（2014）「韓国と日本における嬰幼児保育制度の比較研究」『アジアレビュー』第4巻1号，139-167頁。

教育科学技術部・保健福祉部（2012）『3〜5歳年齢別ヌリ課程：解説書』。

キム・スジョン（2015）「保育サービスのトリーレンマ構造と韓国保育政策の選択：民間依存と費用中心の政策」『経済と社会』105号，64-93頁。

キム・スンヨン（2011）「李明博政府の社会福祉政策：社会福祉政策の後退？」『現代政治研究』第4巻1号，127-152頁。

キム・エルリム/ジュ・ジェヒョン（2001）「女性部出帆と女性政策・行政体制の課題」『韓国行政学会学術大会発表論文集』441-456頁。

キム・ヨンミョン（2009）「序文：福祉談論としての社会投資」キム・ヨンミョン編『社会投資と韓国社会政策の未来：社会投資論の韓国的適用可能性論争』ナヌムの家。

キム・ヨンミョン/キム・ソンイ（2009）「保育バウチャーの導入と韓国保育政策のジレンマ」『韓国嬰幼児保育学』第59巻，1-27頁。

キム・ヨンウク（2011）「宣伝，保守勢力，そして言論：宣伝戦略としての『失われた10年』分析」『韓国言論情報学報』。

キム・ウォンソブ（2011）「韓国福祉国家研究に対する理論的考察」『亜細亜研究』第54巻4号，186-232頁。

キム・ウォンソブ/ナム・ユンチョル（2011）「李明博政府社会政策の発展：韓国福祉国家拡大の終わり？」『亜細亜研究』第54巻1号，119-152頁。

キム・ウォンホン/ユン・ドクギョン/チェ・ジョンウォン（2008）「韓国女性政策議題の変化と拡大：17代国会前半期立法活動を中心に」『女性研究』第74巻1号，139-169頁。

キム・インヨン（2011）「李明博政府の本質に関する考察：新自由主義国家なのか？発展国家の変換なのか？」『比較民主主義研究』第7巻2号，71-94頁。

キム・ジョンヒョン（2004）「韓国嬰・幼児保育行政の認識と対応」『福祉行政論叢』第14巻2号，1-24頁。

キム・ジョンヘ（2008）「保育バウチャー導入の問題点」『批判社会政策』26号，47-75頁。

キム・テリョン/アン・ヒジョン（2004）「効果的な福祉政策のための生産的福祉と参与福祉の探索」『韓国社会と行政研究』第15巻2号，427-445項。

キム・ヒョンジュン（2014）「女性有権者の政治性向と投票行態推移に対する考察：2012年大統領選挙を中心に」『女性研究』第86巻1号，71-101項。

大統領諮問政策企画委員会（2008）「安定的子女養育支援体系構築：保育の公共性強化のための努力」『参与政府政策報告書』。

ムン・ウジン（2013）「韓国大統領権限と行政府議題設定及び立法結果：拒否権行使者理論」『韓国政治学会報』第47巻1号，75-101項。

パク・スクジャ（2001）「女性部新設による国会次元の対応と女性関連立法活動」『議政研究』第12巻，222-228項。

パク・ジョンス（2016）「政府間役割と財政責任分担：ヌリ課程と地方教育財政交付金事例」『地方行政研究』第30巻2号，3-29項。

ペク・ソンヒ（2009）「金大中・盧武鉉政府10年の保育政策評価：国家計画を中心に」『批判社会政策』28号，95-141項。

ペク・ソンヒ（2015）「性認知的観点から見た保育財政分担争点分析：嬰児無償保育とヌリ課程を中心に」『フェミニズム研究』第15巻1号，299-334項。

ビョン・ヨンチャン（1998）『保育施設拡充三ヶ年計画評価に関する研究』韓国保健社会研究院。

保健福祉家族部（2009）『アイサランプラン2009～2012』。

保健福祉家族部・育児政策開発センター（2009）『保育政策改編方案研究：嬰幼児保育法を中心に』。

保健福祉部（各年度）『保育統計』。

保健福祉部（1995）『保健福祉白書』。

保健福祉部（2001）『保育事業中長期総合発展計画』。

保健福祉部（2010）『アイサランカード事業業務便覧』。

ソ・ムンヒ（2004）「2004 嬰幼児保育法改正の意味と課題」『保健福祉フォーラム』第91巻，95-102項。

ソン・ギョンリュン（2014）「韓国福祉国家発展の政治的機制に関する研究：盧武鉉政府と李明博政府の比較」『韓国社会学』第48巻1号，71-132項。

ソン・ボンスク/パク・ウィギョン（2000）『韓国民主主義と女性政治』プルビッ。

シン・グァンヨン（2012）「現代韓国の福祉政治と福祉談論」『経済と社会』95号，

39-66頁。
アン・サンフン（2010）「韓国型福祉国家のビジョン及び戦略」『社会保障基本法全部改正のための公聴会：韓国型福祉国家建設』国会議員朴槿恵。
ヤン・ジェジン（2013）「朴槿恵政府福祉政策の評価と課題：保育，基礎年金，医療分野を中心に」『民主社会と政策研究』24号，46-72頁。
女性家族部（2006）『セサクプラン：第一次中長期保育計画（2006〜2010）』女性家族部。
オ・ゴンホ（2013）「朴槿恵政府の福祉展望と福祉国家運動の課題」『歴史批評』102号，170-186頁。
オ・ユソク（2014）「女性大統領時代女性政策の評価と展望」『民主社会と政策研究』26号，201-230頁。
オ・ジュングン（2013）「政府組織改編に対する立法政策的考察」『韓国行政学報』第47巻3号，75-99頁。
ウォン・シヨン／ファン・インジャ（2010）「中央行政機構組織改編の政治：保育・家族政策担当機構を中心に」『韓国政治研究』第19巻2号，107-133頁。
ウン・ミンス（2013）「二党制的選挙競争と人気政策競争：増税なき普遍的基礎年金制度導入事例を中心に」『社会保障研究』第29巻3号，273-297頁。
イ・ミファ／ヨ・ジョンイル／オム・ジウォン（2013）『2017保育中長期発展方向』育児政策研究所。
イ・スクジン（2013）「女性政治勢力化と女性大統領作り：朴槿恵政府に対するキリスト教女性倫理学的批評」『キリスト教社会倫理』第26巻，55-79頁。
イ・スンユン／キム・ミンヘ／イ・ジュヨン（2013）「韓国養育手当の拡大はいかなる政策形成過程を経たのか？：政策ネットワーク分析を活用して」『韓国社会政策』第20巻2号，195-232頁。
イ・オク（2004）「嬰幼児保育法改正と児童学の役割」『社会科学研究』第10巻，21-36頁。
イ・ワンボム（2007）「金大中拉致事件と朴正熙狙撃事件」『歴史批評』80号，312-355頁。
イ・ジンスク／イ・スルギ（2013）「ジェンダー観点から見た保育政策パラダイムの変化研究」『ジェンダーと文化』第6巻2号，85-123頁。
チャン・ハジン／イ・オク／ペク・ソンヒ（2015）『韓国の保育政策』共同体。
ジョン・ビョンユ（2011）「グローバル金融危機による二極化と韓国の対応：李明博政

府の中道・庶民路線に対する批判的検討と代案的社会政策構想」『民主社会と政策研究』18号，13-46項．
ジョン・ジンヨン（2013）「国会議員女性割当制採択の政治的動因分析」『韓国政治研究』第22巻1号，29-52項．
ジョン・ジンヨン（2015）「国会女性家族委員会の構成的特徴と立法活動分析」『OUGHTOPIA』第30巻2号，191-216項．
チョン・ゲヨン（1995）「現代社会における託児と幼児発達に関する研究」『慶北専門大学論文集』第14巻，291-315項．
チョン・ミンソク/キム・ドンソン（2015）「地方教育財政の現況と財政確保方案：ヌリ教育課程と関連する中央政府と地方教育庁の間の葛藤関係分析を中心に」『韓国葛藤管理研究』第2巻1号，125-145項．
チョン・ヘソン（2003）『環境変化による保育政策変動に関する研究』淑明女子大学校大学院博士学位論文．
チョ・ヨンフン（2008）「参与政府福祉政策の性格」『社会科学研究』第24巻1号，213-233項．
中央選挙管理委員会編（1998）『第15代大統領選挙総覧』．
中央選挙管理委員会編（2003）『第16代大統領選挙総覧』．
中央選挙管理委員会編（2008）『第17代大統領選挙総覧』．
中央選挙管理委員会編（2013）『第18代大統領選挙総覧』．
チェ・ウンヨン（2016）「ヌリ課程施行以降の幼児教育財政変化及び今後の課題」『開かれた幼児教育研究』第21巻1号，51-68項．
統計庁（各年度）『経済活動人口年報』．
ハ・ヨンエ（2014）「第18代大統領選挙研究：女性イシューを中心に」『韓国東北亜論叢』72号，351-376項．
ホ・ヨンフン（2013）「朴槿恵政府の福祉国家のビジョンと政策課題」『東北亜文化研究』第36巻，153-175項．

新聞記事
『京響新聞』
1997年12月3日　한나라 박근혜 유동근씨 영입추진
1997年12月12日　정치참여 부모님에 대한 도리

参考文献

2003年11月3日　보육업무 여성부로… 내년부터 5개정책 단계추진
2007年5月29日　한나라 경선후보들 나만의 해법으로 경제 살린다
2012年7月4日　위기의 무상보육… 총선 공약한 여권 책임진다 장담하곤 책임 떠넘기기

『国民日報』

2002年3月18日　우리를 잘 키워주세요
2006年2月8日　2세이하 민간시설 보육료 인하… 3월부터 월 3만~4만 내려

『大韓民国政策フォーラム』

2006年2月23日　아이 믿고 맡길 곳 시설 늘리고 질도 높여야

『東亜日報』

1964年4月21日　국회 스냅 소란 이틀째
1987年11月26日　무르익는 중반전… 말의 포화
1989年2月15日　영세민촌 취업주부 "자녀 돌볼 겨를없다" 66%
2002年1月17日　보육비 지원 어린이 40만명까지 늘리기로
2002年2月7日　쏟아지는 장밋빛 보육대책 업무 분담도 안돼 헛구호
2003年1月17日　인수위, 중상위층에도 보육료 지원 추진
2005年7月19日　공보육이냐 사보육이냐… 재경부 시장기능에 맡겨야
2008年1月1日　인수위 5년후 1인 GDP 3만1017달러
2008年2月26日　이명박 17대 대통령 취임사
2010年3月26日　한나라 지방선거 육아공약 쏟아내
2012年9月10日　[모두가 불만인 무상보육, 대안은 없나] 엄마들도 "이건 아니다"
2012年11月15日　박 셋째아이부터 대학등록금 전액 지원
2013年8月21日　서울시 무상보육 정부지원 늘려야, 버스 지하철 광고 논란
2014年10月16日　시도교육감, 2015년 예산 편성 거부에 정부 교부금 증액없다 선그어
2015年1月16日　무상보육 확대 관리부실… 어린이집 폭행사태 불러
2016年12月3日　최순실 예산 4000억 삭감…누리예산 한시 편성해 불씨 남아

『毎日経済』

1988年5月9日　취업주부 자녀양육이 가장 큰 고민
1994年10月6日　보육시설에 1조3천억 투자
2002年1月30日　[우수 보육시설을 찾아서] 서울시 어린이집

2002年 3 月 6 日　　[보육제도 어떻게 펼치나] 부처간 공동작업 모범 보인다
2002年 3 月26日　　여성부역할평가 긍정적 한목소리
2002年10月28日　　노 5년 내 여성 육아불안 100% 해소
2003年 3 月24日　　[정부.법조.군] 노무현 정부 여성장관 4명 역대 최다
2004年10月 8 日　　병원/로펌 규제완화
『文化日報』
2004年 6 月15日　　여성부, 가족업무 이관요구 논란
2005年10月25日　　유치원-서울교육청 충돌하나
2007年 6 月12日　　홍보처, 폐지돼야 할 정부부처 1순위
2012年 9 月 3 日　　박-이 회동이 책임정치 아닌 정략으로 보이는 이유
『ソウル新聞』
2010年 3 月20日　　무상보육/급식 정말로 空約인가
『世界日報』
2005年 3 月 9 日　　교육, 의료 서비스 질 대폭 높인다
『時事 IN』
2017年11月 9 日　　촛불 시민이 말하는 나의 수상 소감과 숫자로 보는 촛불집회
『聯合ニュース』
1990年 1 月18日　　지방의회 여성진출 여성계 협력 바람직
1990年12月19日　　지자제 시리즈… 여성참여
1992年 7 月 6 日　　대선 앞둔 각당후보 여성정책 공약 남발
1993年11月 1 日　　세계 여성의원 비율은 15%
1993年11月22日　　민주당, 비례대표 여성할당제 입안에 총력
1994年 1 月 3 日　　민자당, 여성 공천할당제 추진
1994年 2 月23日　　JP 전국구 여성할당제에 난색
1996年 2 月10日　　신한국당 여성 유권자 의식조사
1996年 3 月12日　　여연, 여성정책 10대 과제 발표
1997年 8 月 6 日　　대선후보 인물탐구 15 여성관
1997年12月19日　　여성계, 김 당선자에 여성공약 성실이행 촉구
1998年 1 月24日　　노사정위, 만5세아동 무상교육 실시 백지화 방침
1998年 1 月26日　　여성계, 여성부신설 무산에 허탈
1998年 1 月30日　　여성계 2백8인, 여성공약 이행 촉구

参考文献

1998年 2月13日	직장보육시설 허가기준 대폭 완화
1998年 2月25日	여성계, 여성할당제 공약이행 등 촉구
1998年 4月27日	여성계, 지방선거 여성할당 촉구집회 열기로
1998年 9月30日	내달 여성취업 지원위한 행사 풍성
1999年 3月19日	한나라당, 여성부 신설 추진
1999年 6月29日	국민회의 여성할당제 강력 추진
2001年 8月 8日	취학 전 아동 1년간 무상교육
2001年12月17日	내년 만5세 8만7천명 무상보육
2002年 1月11日	여 인터넷. 우편 입당추진
2002年 3月 7日	보육사업, 공보육 강화로 나가야
2002年 3月 8日	여성연합, 보육종합대책 논평 외
2002年 3月14日	시민/여성단체, 정부보육대책에 반발
2003年 2月10日	새정부 명칭 참여정부
2003年 3月25日	노 보육문제 여성부 이관
2003年 3月25日	여협, 보육업무 이관결정 환영
2003年 3月26日	<연합시론> 여성부에 보육업무 이관한다는데
2003年 3月27日	새정부 주요 경제정책 요약
2003年 4月23日	보육업무 이관 논란
2003年 5月20日	여성학회 보육은 여성부가 적합
2003年 5月26日	여성계, 보육 여성부이관 촉구
2003年 7月21日	여성단체들, 보육정책 발전 대토론회 개회
2004年 2月24日	노 우리당 압도적 지지 기대
2004年 3月12日	대통령 탄핵 항의 집회 시위 확산
2004年 4月29日	서비스업 육성방안 내달 발표
2004年 7月 1日	정부, 저소득층 만4세이하 육아비 전액지원
2005年 5月 6日	2009년까지 영아보육시설 3천35개 추가 필요
2005年 6月14日	보육료 상한선 규제 유지돼야
2005年 9月26日	당정, 사회안전망 대책에 8조6천억 투입
2005年10月 9日	3자녀 무주택자 국민주택 특별공급
2005年10月25日	여, 사립유치원도 정부지원 추진
2005年11月 1日	여, 사립유치원에도 보조금 지급 추진

2006年 2月16日	여성가족부 보육기본보조금 확대 검토
2007年 3月30日	박, 충청 당심 민심 공략
2007年 5月 3日	박, 패키지 보육정책 공약 제시
2007年12月30日	인수위 인선 마무리… 전문. 개혁성
2008年 1月 4日	여성가족부 통폐합해야 하나
2008年 1月 8日	여성계, 여성가족부 존치/강화해야
2008年 1月16日	범여 과거회귀식 정부조직개편 반대
2008年 1月18日	여성가족부 폐지 여성계 반발 지속
2008年 1月22日	여성계, 여성부 존치 서명운동 전개
2008年 1月28日	노대통령이 통폐합 반대하는 정부부처들
2008年 1月30日	광주지역 여 의원들 여성부 폐지안 철회하라
2008年 2月14日	각계 남성 100인 여성부 통폐합 반대
2008年 2月15日	이 당선인-손 대표 벼랑 끝 대치
2008年 2月21日	장하진 여성가족부 기능 축소 안돼
2008年 3月25日	일자리 등 능동적 복지 실현… 복지부 업무보고
2008年 5月19日	정부 보육정책 수요자 고려없다
2008年11月18日	보육바우처 제도 도입 재고해야
2009年 8月15日	집권2기 국정운영 청사진 제시
2010年 3月10日	한나라당, 서민 무상급식, 민주당, 부자 무상급식
2010年 3月18日	여 선별 무상급식, 보육비 전액지원 배경과 전망
2010年 9月16日	내년 예산 서민희망 예산으로 편성
2011年 1月10日	오세훈, 주민투표로 무상급식 정면돌파
2011年 1月11日	민주, 먹을 것으로 장난치나… 오세훈 때리기
2011年 1月13日	민주, 이번엔 무상보육… 복지 주도권 겨냥
2011年 1月14日	한, 야 무상시리즈는 빚더미 외상정책
2011年 8月24日	주민투표 무산 후폭풍… 정국 격랑 예고
2011年11月13日	정부 2040세대와 소통강화… 국민 곁으로
2012年 1月 5日	0~2세 보육지원 확대계획에 비난 봇물
2012年 1月15日	0~2세 양육수당 전면지원, 뿔난엄마 달래질까
2012年 1月18日	보육/양육지원 얼마나 어떻게 늘리나
2012年 7月11日	박근혜 정보공개 확대 정부 3.0 달성

参考文献

2012年 9 月 2 日 　 이 대통령-박근혜 8개월만에 독대 안팎
2013年 7 月 2 日 　 수도권 광역 3단체장, 민주당에 무상보육비 지원 요청
2013年 9 月 2 日 　 무상보육 중단 현실되나… 정부/서울시 줄다리기
2013年 9 月 6 日 　 여, 박원순에 맹공… 보육대란 쇼 사과하라
2013年 9 月10日 　 민주, 무상보육/급식 쟁점화… 박원순 구하기?
2013年 9 月25日 　 박원순 내년에 무상보육 더 어려워진다
2014年11月 7 日 　 정부-교육청, 누리과정 예산 부담 서로 네 몫 공방
2014年11月 9 日 　 청, 누리과정은 법적의무… 반드시 예산편성돼야
2015年 1 月14日 　 인천 원아 폭행 어린이집 고득점으로 평가인증 받아
2015年 1 月14日 　 어떻게 보내냐… 계속되는 어린이집 학대 학부모 분노
2015年 1 月18日 　 아동학대 영구 추방하자, 인천 부모들 대규모 집회
2015年 1 月18日 　 어린이집 CCTV 의무화, 10년만에 입법 실현될까
2015年 1 月19日 　 끊이지 않는 어린이집 폭행, 무엇이 문제인가
2015年 1 月22日 　 어린이집 학대 왜 인천 많나… 인천시 지도점검률 바닥권
2015年 1 月22日 　 맞벌이 보육지원 늘리고 전업주부 어린이집 이용 줄인다
2015年 1 月23日 　 복지장관 전업주부 불필요한 어린이집 이용 줄일 것
2015年 1 月23日 　 맞벌이 지원확대, 보육정책 개편론에 주부들 반발
2015年 2 月 4 日 　 시민단체, 보육정책 땜질 그만… 국가가 책임져야
2015年 3 月 4 日 　 영유아보육법 부결… 인천 학부모 정치 믿은 게 바보
2015年 3 月 5 日 　 피해아동 어머니 CCTV 법안 부결, 부모 무시한 것
2015年 4 月30日 　 10년만에 국회 문턱 넘은 어린이집 CCTV 의무화
2015年 7 月 6 日 　 국회법 재의결 무산… 19대 국회 종료 시 자동폐기
2015年 8 月24日 　 어린이집 학부모 대부분 종일반 원해 머쓱해진 복지부
2015年12月 3 日 　 2년째 논란 누리과정 예산 3천억 우회지원 편법 선택
2016年 1 月 4 日 　 보육대란 임박 학부모들 부글부글 총선 때 심판
2016年 1 月 6 日 　 여야도 무상보육 예산 충돌 해법없이 책임 떠넘기기
2016年 1 月13日 　 정치문제 비화 조짐 누리과정 갈등 대화로 풀어야
2016年11月 8 日 　 여성연대 영유아부모 89%, 정부 보육정책 불만족
2016年11月25日 　 민주, 누리과정 예산 확보 대신 법인세 양보 모색
2016年12月 2 日 　 무너진 증세없는 복지, 여, 법인세 지키고 야 누리예산 얻고
『中部日報』

2015年 1月14日　인천 어린이집에서 무슨 일이? 양손 묶어 폭행 등 2개월 사이 학대 잇따라

『ハンギョレ』
1989年10月15日　탁아법 제정 움직임 활발
2005年 6月10日　여성부 보육료 상한선 일부 폐지 추진
2008年 1月24日　여성가족부 폐지 국회통과 막아라
2008年 2月21日　가족 뗀 여성부 남은 몇십명으로 뭘…
2010年12月 9日　여, 국민 70% 양육수당 공약 말로만. 예산 추가 0원
2013年10月 4日　20만원 때문에 찍었지만… 언제 공약 지켜진 적 있나?
2014年 1月 2日　국고보조 인상률 낮아 서울 무상보육 빨간불
2014年11月25日　내년 누리과정 예산, 정부서 우회지원
2015年 1月28日　박근혜식 분할통치… 애 가진 죄인끼리 싸워라
2015年12月24日　정부 누리예산 편성않는 지자체 교부금 차감 등 강경대응 밝혀
2016年 1月22日　대통령님, 공약은 지켜야죠… 생색만 내고 돈은 떠넘기고

『韓国日報』
2012年 1月 1日　3월부터 0~2세 무상보육… 소득상관없이 보육료 지원

『韓国経済』
2000年 4月14日　16명 약진.. 남/여 의석수 분표
2004年 6月11日　육아에 최우선 투자… 노 대통령

『e-daily』
2003年 4月 4日　노, 복지정책 국민동의 얻어야
2004年10月27日　한나라당 박근혜 대표 국회 연설문
2005年12月13日　서비스대책회의, 다람쥐 쳇바퀴만 돈다

『Money Today』
2003年11月21日　법안처리 협조 당부 盧대통령 서한
2004年 1月20日　부모부양 거부시 상속권 제한
2007年12月20日　의료산업, 시장주의 도입 등 대수술 예고

『NEWSIS』
2009年10月26日　박근혜, 아버지의 궁극적인 꿈은 복지국가건설
2015年 1月28日　심재철 어린이집 학대사건 배경, 무상보육 인한 수요폭증

『Nocut News』

参考文献

2005年10月 9日　여 육아정책기획단 보육비 확대 주장

『Oh My News』
2002年11月17日　여성정책, 이회창 후보가 가장 보수적
2003年 4 月24日　여성부 보육이관 반대에 적극 맞대응
2004年 3 月25日　박근혜 대표, 조계사에서 참회와 사죄의 108배
2011年 2 月22日　매년 20조원 예산 줄일 비책 어디 갔나 경제대통령 4년 전 약속을 알고 있다

『Pressian』
2004年11月22日　보건의료단체, 서민 외면하는 노 정권에 배신감
2005年 6 月15日　보육료 자율화라니? 정부, 보육의무 포기하려는가
2007年12月21日　이명박, 서민경제 되살릴 수 있을까
2010年 2 月18日　오세훈 서울시 무상급식 예산 0… 무서운 밥값나인

『YTN』
2003年 3 月24日　보육업무, 여성부 이관 본격 논의

国会会議録

『国会本会議会議録』1997年 7 月28日
『国会本会議会議録』1998年 2 月 5 日
『国会本会議会議録』1999年 3 月 9 日
『国会本会議会議録』1999年 7 月 7 日
『国会本会議会議録』1999年10月29日
『国会本会議会議録』2004年 3 月 2 日
『国会本会議会議録』2005年 3 月 2 日
『保健福祉家族委員会会議録』2008年 9 月 8 日
『保健福祉家族委員会会議録』2008年11月21日
『保健福祉委員会会議録』2000年 7 月10日
『保健福祉委員会会議録』2000年 7 月11日
『保健福祉委員会会議録』2000年10月19日
『保健福祉委員会会議録』2000年11月27日
『保健福祉委員会会議録』2003年 3 月31日
『保健福祉委員会会議録』2011年 8 月18日

『保健福祉委員会会議録』2012年2月7日
『保健福祉委員会会議録』2012年7月24日
『保健福祉委員会会議録』2012年8月24日
『保健福祉委員会会議録』2012年11月5日
『保健福祉委員会会議録』2012年11月22日
『保健福祉委員会会議録』2013年9月27日
『保健福祉委員会会議録』2013年12月17日
『保健福祉委員会会議録』2015年1月28日
『保健福祉委員会会議録』2015年8月24日
『保健福祉委員会会議録』2015年10月22日
『保健福祉委員会会議録』2015年11月12日
『保健福祉委員会会議録』2016年6月21日
『保健福祉委員会会議録』2016年6月28日
『保健福祉委員会会議録』2016年7月11日
『法制司法委員会会議録』2013年2月20日
『安全行政委員会会議録』2015年4月28日
『女性家族委員会会議録』2005年10月8日
『女性家族委員会会議録』2005年11月9日
『女性家族委員会会議録』2006年2月20日
『女性家族委員会会議録』2006年6月27日
『女性家族委員会会議録』2006年11月16日
『女性家族委員会会議録』2008年1月29日
『女性家族委員会会議録』2008年2月4日
『女性委員会会議録』2002年7月19日
『女性委員会会議録』2005年2月19日
『行政自治委員会会議録』2000年7月21日
『行政自治委員会会議録』2004年2月9日
『行政自治委員会会議録』2005年2月21日

あ と が き

　筆者の福祉国家と政治への関心は，2009年の夏，ソウル大学校日本研究所の支援を受けて参加した「教授引率日本現地研修」中に京都と東京で経験した出来事から始まった。まず，在日コリアンをめぐる諸問題を考えるために訪れた京都のウトロと東九条地区で筆者の目を引いたのは，アイデンティティや差別問題ではなく，劣悪な住環境から伺える貧困問題であった。世界で最も豊かな国の1つである日本に，最低限の生活さえ保障されない人々が存在するという事実は，先進国ではもはや貧困問題が存在しなくなったと思い込んでいた筆者に，非常に大きな衝撃を与えた。

　その一方で，国会議事堂と民主党本部を見学するために訪問した永田町をはじめとする東京全域は，かつてない熱気に包まれていた。政権交代の可能性が連日マスコミに取り上げられる中，精力的に支持を呼びかける両陣営に対して熱い声援を送る有権者らは，筆者がそれまで抱いていた日本人のイメージとは大きく異なっていた。選挙の結果，「国民の生活が第一」というスローガンの下，「子ども手当」の新設を前面に掲げた民主党が，衆議院定数480議席のうち308議席を獲得して圧勝し，1955年の結党以来第一党であり続けた自民党を第二党に転落させた。「福祉」が政治的争点の中心となったのである。

　当時，日本と東アジア地域を対象として地域学を学んでいた筆者は，「無償給食」の実施をめぐる論争がソウル市長の辞任とそれに伴う出直し選挙だけでなく，地方選挙，国会議員総選挙，ひいては大統領選挙にも大きな影響を及ぼし，日本と同じく韓国においても「福祉」が政治的争点の中心に浮上していく

過程を興味深く観察した。そこで，筆者は福祉国家を政治学の観点から研究することを決意し，韓国の福祉国家の特徴を明らかにするためには，最も類似しているとされるが近年様々な面から分岐が見られる日本との比較が有用であると判断し，文部科学省の国費外国人留学生として日本に留学した。

学部では工学を専攻しており，大学院に入ってようやく社会科学に接することになった筆者が，京都大学大学院法学研究科に留学することができたのは，ソウル大学校国際大学院で指導してくださった韓榮恵先生と朴喆熙先生，そして金顯哲先生のお陰である。特に，指導教員であった韓先生は，筆者が留学を検討していた大学の教員に会って筆者のことを紹介し（当時，サバティカルを取っていた先生は，偶然にも筆者が留学を検討していた2つの大学で半年ずつ滞在した），留学を応援してくださった。いつでも相談に乗ってくださった朴先生には，研究者としての道を歩むためには，堅固な覚悟と献身が必要であることを教えていただいた。金先生には，筆者の博士号取得を誰よりも喜んでいただき，今後のキャリアのためにはどのような準備が必要なのかについて具体的なアドバイスをいただいた。

留学後，本格的に政治学を勉強し始めた筆者は，不足している知識を慌てて貪れば貪るほど，必要とされる知識が鼠算式に増えていくことに圧倒されて落ち込むことを繰り返した。近道はないということを頭では理解していたものの，毎回，地道な成長ではなく大きな飛躍を期待し，失望した。そのような筆者が何とか本書を仕上げることができたのは，後述する指導教員の新川敏光先生（現・法政大学法学部教授）をはじめとする京都大学大学院法学研究科の先生方のおかげである。とりわけ，待鳥聡史先生は，筆者が適切な分析枠組を設定できないのは，政治学の知識が不足しているためだと指摘しながら，焦らず政治学の知識を着実に積み重ねていくよう励ましてくださった。また，朴槿恵政権が中央政府の責任を地方政府に転嫁したとしても，予算規模からすると確かに

あとがき

　右肩上がりではないかという建林正彦先生のご指摘は，保育政策を拡充と合理化の両面から分析し直すヒントとなった。

　新川門下の立派な先輩たちは，筆者にとって良いロールモデルとなった。まず，龍谷大学の安周永先生には，本書の原稿を読んでいただき，筆者の韓国政治に対する理解不足に起因する誤謬を正していただいた。京都大学の近藤正基先生は，筆者が一人の研究者としての第一歩を踏み出せるよう，今後の研究と進路について何度も快く相談に乗ってくださった。東海大学の辻由希先生には，研究に自信が持てない筆者を温かく見守っていただき，博士論文の一部を日本比較政治学会で発表する機会をいただいた。問いに対する明確な答えさえ出せなかった情けない発表であったが，原点に戻って一から考え直す貴重な契機となった。セッションをご一緒させていただいた申琪榮先生と，武田宏子先生，大澤貴美子先生にも感謝とお詫びを申し上げる。

　京都大学大学院法学研究科の在籍中だけでなく現在に至るまで，先輩と後輩の皆様に様々な面から助けていただいた。お礼を申し上げたい。特に，朴泳淋氏やその家族からいただいたきめ細かい気配りは，慣れない京都生活を支える大きな力となった。また，高東柱氏と成鎮宇氏，劉敏榮氏は，研究がなかなか進まず悩んでいた際，筆者の話に耳を傾けてくれただけでなく，ともに解決策を模索してくれた。研究分野が離れていた柳恵琳氏と西山由理花氏は，彼女らが京都大学を離れることになってからではあるが，研究者としての悩みを分かち合う良い同僚になってくれた。

　なかでも，特に感謝したい2人がいる。まず，河村有介氏は，自身のイギリス留学の経験から，外国語で論文を書かなければならない苦労に深く共感してくれた。河村氏は，本書だけでなく博士論文や研究計画書など筆者の書いたほぼ全ての原稿を丁寧に読んで文章を校正してくれただけでなく，全体的な構成などについても貴重なコメントをくれた。次に，上條諒貴氏は筆者の基礎的な

質問にも分かりやすく答えてくれるなど，基礎知識が不足している筆者のためにやさしい先生になってくれた。また，本書を仕上げる際にも，文章の校正だけでなく，政治学理論に対する理解不足から来る誤謬を正してくれた。

博士論文を提出したばかりの筆者が最初の出版作業を進めることができたのは，ミネルヴァ書房の堀川健太郎氏と石原匠氏のお陰である。原稿を提出してからも，「修正したい」という執着からなかなか抜け出すことができなかった筆者を最後の最後まで辛抱強く待っていただいた。この場を借りて，感謝とお詫びを申し上げる。

このように多くの方々に支えていただいたが，2人の師匠がいなかったら，新しい分野に挑戦して博士号を取得し，本書を完成することはできなかっただろう。まず，政治学の師匠である新川敏光先生に出会った瞬間，筆者は「求めていた先生」をついに見つけたことを確信した。特に優秀でも誠実でもなかった筆者の博士後期課程は，先生の期待を裏切る日々の連続であったが，先生は最後まで筆者のことを放棄せず，いつまでも待ち続けてくださった。何度も諦め掛けていた筆者が，最後の最後まで最善を尽くすことができたのは，先生の励ましがあってのことであった。また，本書の出版に当たっては，ミネルヴァ書房を紹介してくださった。先生は，博士号を取ってからもなかなか自立できない未熟な弟子のために，本書の原稿を読んでくださり，再び「赤ペン先生」となってくださった。先生に恩返しできる道は，筆者が一人前の研究者になること以外ないだろう。

次に，広中平祐（数学者）という人生の師匠に出会って，人生の「決定的分岐点」を迎えた。筆者は，2008年から2011年までソウル大学校数理科学部で広中先生の通訳を務めた。毎朝，裏紙メモがいっぱい入ったスーツケースを持つ先生を車で迎えに行き，研究室に向かった。研究と真剣に向き合いながらも，アポなしで訪ねてくる若い学生たちとは，時が経つのも忘れて討論を繰り広げ

あとがき

ていた先生の姿を見て，学者に憧れるようになった。当時，会議通訳者としていただいていた過分の賛辞のためマンネリに陥っていた筆者は，先生に新しい可能性を「発見」していただいた。先生は日々筆者の些細な才能を発見し，思いっきり褒めてくださった。いつの間にか筆者は，他人の話を伝えるのではなく，自分の話をしたくなっていた。これまでの努力は，先生が過大に評価してくださっている筆者と実際の姿とのギャップを埋めるためのものである。先生に無限の尊敬を表するとともに，世代を超えた友情に感謝する。

最後に，両親に感謝しなければならない。作家の夢を実現するためにテーブルに向かって原稿用紙を埋めていた母・呂春熙と，1時間運転しなければならない大学まで毎朝出勤して研究に専念していた誠実な父・崔文述の背中を見て筆者は育った。両親は，筆者が下した全ての決定に一度も反対せず，ただただ見守ってくださった。家族で日本に滞在していた際，小学生の娘を一人で一時帰国させ，芸術学校の入試を受けさせるほど教育熱心だった母は，ある日突然ピアノをやめるという筆者の宣言を黙って受け入れた。医学部を目指していた筆者が浪人せず工学部に進学した時も，専攻とは関係のないテレビ局に就職した時も，それをやめて全く違う専攻で大学院に進学した時も，そして政治学を学ぶために留学を決めた時も自分を信じること以外何も要求しなかった。

博士後期課程に編入する前の半年間の研究生時代から政治学を学び始めて5年目となる筆者が単著を出版することは，いささか唐突すぎるのかも知れない。しかし，本書は筆者のこれまでの研究業績をまとめるためではなく，筆者が研究者としてこれから研究業績を積み上げていくことを決意するためのものである。本書の執筆を通じて浮き彫りになった「穴」を埋めていくことが，政治学を研究する者としての筆者の今後の課題であろう。

本書は，2017年3月に京都大学法学研究科に提出した博士論文「韓国における保育政策をめぐる政治過程：権力資源動員・手柄争い・非難回避の政治」を基にしているが，出版のために大幅な加筆修正が加えられた。また，本書出版に当たり，平成30年度京都大学総長裁量経費として採択された，法学研究科若手研究者出版助成事業から出版費用の補助を受けた。心から感謝申し上げる。

　　　2019年1月6日

崔　佳榮

索 引

あ 行

アクティベーション　67
アジア通貨危機　2, 22, 24, 33, 60, 65, 76, 83, 84, 87, 96, 135, 196, 198
アジェンダ　75, 79, 81, 82, 87, 112, 148-150, 173, 197-200
新しい社会的リスク　5, 22, 68, 88, 97, 98, 196, 204
新しい政治　24, 126, 131
合わせ型保育　176, 189-192
育児休業　2, 8, 9, 11, 44, 100
育児支援　39-44, 120, 123
李会昌　59, 84, 92-95, 159, 162
李明博　24, 48, 49, 52, 131-133, 135-142, 144-149, 151, 152, 154-158, 161, 162, 165, 169-171, 174, 175, 185, 197, 199, 201
医療保険　64, 65, 140
失われた10年　24, 129, 131, 137, 158
嬰幼児保育法　18, 20, 31, 36, 38, 39, 44, 50, 83, 99, 114, 122, 125, 146, 155, 175, 176-179, 181, 182, 187, 188, 200, 203
M字カーブ　3, 49, 100, 121

か 行

革新政権　24, 68, 83, 88, 129, 130, 137, 138, 141, 146, 148, 158
革新派大統領　84, 174, 196
家族関係社会支出　9, 11, 13, 15, 195, 204
家族構造　1, 5, 97
家族主義福祉レジーム　5, 11, 13-15, 22, 23, 25, 195, 202, 204-206
家族政策　103, 108, 138
家族手当　8, 9, 15
韓国女性団体協議会（女協）　72, 77, 105
韓国女性団体聯合（女聯）　30, 72, 75-77, 87, 101, 103, 105, 116, 124, 142, 144, 186
企画予算処　35, 66, 87, 124
記述的代表性　100, 113
規制緩和　132, 135
基礎老齢年金　167, 168, 197
基本補助金　42, 120, 121, 125, 126, 148, 197
金鐘泌　57, 78
金大中　23, 24, 33, 55-57, 59, 60, 62, 65, 67-71, 73, 75-79, 83-88, 91, 94, 96, 97, 99-101, 104, 114-116, 122, 126, 130, 138, 146, 173, 196, 199
金泳三　55, 57, 71, 72, 75, 84, 94
キャンドル集会　116, 118, 139, 155, 161, 192
教育庁　25, 51, 53, 170, 179, 181-184, 192, 200, 201
行政立法　66, 179, 181-183, 192, 201
拒否権　116, 143, 182, 192, 200, 201
クリティカル・マス　112, 113, 115, 146, 203
ケア労働　3, 5, 140, 205
経済改革　2, 33, 60, 62, 68, 102, 119, 126, 131-133
経済格差　131, 132, 197
経済危機　4, 60, 61, 68, 84, 85, 100, 130, 136
経済協力開発機構（OECD）　5, 7-9, 11, 13, 43, 50, 100, 167, 169, 204
経済再生　132, 133, 138-169
経済省庁　99, 115, 122, 124, 125, 141
経済成長率　8, 62, 132, 135

経路依存　146, 148, 175, 197, 205
現金給付　8, 154, 169, 205
減税　132, 135, 138
公共保育施設　18, 32, 33, 37, 44, 122
公的扶助　64, 65, 96, 97
高度経済成長　25, 131, 159, 164
公認　74, 82, 92, 162, 174, 198
公約　25, 39, 71, 73, 76, 77, 79, 84, 101, 102, 115, 132, 139, 142, 149, 150, 153, 154, 157, 167-170, 175, 178, 183, 184, 187, 197, 198, 201
高齢化　7, 23, 40, 43, 96, 123
高齢者　7, 8, 25, 107, 131, 133, 139, 164, 166-170, 197, 198, 206
国際通貨基金（IMF）　60, 62, 96
国民基礎生活保障法　37, 65, 67
国民年金　32, 33, 64, 65, 167
国務会議　77, 103, 104, 106, 116, 117, 139
国会議員総選挙　55, 56, 63, 71, 73-75, 79, 81, 82, 92, 94, 108, 110, 111, 114, 118, 148-150, 152, 155, 157, 161, 162, 167, 170, 174, 175, 184
国家責任保育　25, 153, 167, 170, 175, 184, 187, 198, 200, 201
国公立保育施設　18, 19, 34, 37, 38, 42, 43, 46, 47, 49, 87, 120, 148
国庫補助率　176-179

さ 行

サービス保障　97, 166
再家族化　140, 154, 158, 169, 199
財政健全化　22, 87, 122, 198, 204
差等保育料　37, 115, 116, 120, 197
三金　57, 94
参与福祉　97-99, 117, 140
ジェンダー　23-25, 43, 44, 68, 70, 75, 76, 80, 83, 88, 99, 100, 107, 111, 114, 142, 145, 173, 197
支持基盤　23, 24, 59, 69, 91-94, 101, 102, 114, 117, 131, 133, 164, 165, 170, 196-198
支持動員　25, 94, 101, 141, 144, 146, 196-198, 202
支持率　62, 82, 87, 88, 92, 116, 117, 119, 122, 133, 151, 155, 160, 164, 171, 172, 175, 185, 199
失業率　60, 61, 129, 130
実質的代表性　101, 113, 203
児童虐待事件　188, 189, 192, 200
社会支出　8, 9, 11, 13, 40, 204
社会投資戦略　98-100
社会保険　7, 64, 65, 96, 97
社会保障改革　23, 24, 67, 68, 88, 97, 137, 138, 158
社会保障制度　8, 43
社会民主主義　5, 9, 66-68
若年層　24, 25, 81, 92, 93, 95, 101, 102, 114, 116, 126, 133, 139, 146, 170, 185, 192, 196, 197, 205
自由主義　5, 9, 66, 98, 204
自由民主連合（自民連）　59, 73, 74, 79, 87, 91
住民投票　150, 151
従来型の社会的リスク　22, 24, 68, 83, 88, 97, 196
受益者　22, 28, 36, 37, 166, 184, 192, 195, 199
出生率　5, 42, 43, 61, 95, 121
需要者中心　49, 140, 141, 147
少子化　5, 7-9, 11, 13, 14, 41-43, 50, 83, 88, 96, 121, 169, 197, 203
少子高齢化　23, 33, 40, 99
省庁再編　145, 155, 201
常任委員会　81, 83, 107, 113-115, 146, 152, 203
職場保育施設　2, 18, 20, 32, 33, 43, 104
女性委員会　71, 81, 105, 107, 113-115
女性家族委員会　125, 126, 144, 145

女性家族部　40, 44, 48, 107, 108, 121, 123-126, 141-145, 155, 199, 202
女性議員　31, 70, 74, 75, 78, 79, 81, 83, 104-107, 110-115, 125, 142-146, 174, 175, 202, 203
女性クォータ制　70-75, 103, 104, 110, 111, 113, 114, 146, 174, 197, 200
女性政策　25, 72, 75-78, 80, 81, 107, 108, 144, 173, 175, 202, 203
女性団体　30, 68, 70-73, 75, 77, 78, 80, 81, 87, 101, 103-105, 108, 111, 115, 116, 124, 141-145, 147, 155, 200, 201, 203
女性特別委員会　76-78
女性の労働力参加　1, 2, 4, 23, 27, 30, 33, 40, 43, 47, 49, 61, 97, 103, 140, 154, 166, 169, 174, 199
女性部　35, 44, 70, 75-81, 86, 87, 99, 101-108, 111, 113, 114, 116, 120, 123, 124, 126, 141, 143-145, 174, 195-197, 200, 201, 203
女性有権者　25, 69, 70, 75, 141, 144, 171-175, 202, 203
女性労働者　3, 28, 171, 173
女性労働力　68, 83, 98, 100, 169
所得保障　64, 97, 98, 166
新自由主義　25, 60, 62, 67, 68, 85, 102, 136, 137, 146, 158, 197, 205
新政治国民会議（国民会議）　59, 73, 74, 76, 78, 79, 84
政権交代　24, 59, 129, 130, 146, 164
生産的福祉　24, 33, 62-64, 66, 67, 86, 97
政治改革　117, 119, 126, 131, 133, 161
政党間競争　146, 148, 158, 196, 197
政府組織法　48, 78-80, 106-108, 143, 145, 201
性別役割分業　61, 202
整理解雇制　60
セーフティネット　62, 65, 138
世界金融危機　135, 136, 139
世代間対立　25, 96, 133, 144, 146, 151, 164, 196
積極的労働市場政策（ALMP）　8, 64
セヌリ党　157, 162, 170, 173, 174, 177, 182, 184-186, 189
セマウル幼稚園　29, 31
専業主婦　25, 84, 153, 154, 176, 188-190, 192, 200
選挙区　73, 74, 108, 111, 162, 174
選挙の女王　131, 160, 162, 165
選別的　36, 83, 84, 87, 88, 115, 122, 149, 150, 167, 197, 199
相対的貧困率　61, 130, 167

た 行

大統領権限　126, 145, 181, 201
大統領候補　55, 73, 84, 91, 94, 102, 131, 154, 160-163, 169, 170, 172, 173, 197
大統領職引き継ぎ委員会　76, 97, 104, 116, 142, 146, 169, 201
大統領制　23, 195
大統領選挙　39, 55, 57, 59, 69, 71, 72, 76, 79, 84, 87, 91, 92, 94, 95, 102, 115, 116, 129, 131-133, 142, 149, 150, 152, 153, 157, 159, 160, 162, 164, 167, 170-172, 175, 191, 201
大統領弾劾　118, 119
大統領令　176, 179, 181, 192, 201
多数派工作　62, 79, 118
脱家族化　140, 195, 205
脱商品化　66, 67, 195, 205, 206
地域主義　24, 57, 59, 69, 82, 92, 94, 95, 117, 119
小さな政府　76, 139, 142, 145
地方議会議員選挙　74, 75, 108
地方教育財政交付金　51, 179-181
地方自治体（自治体）　25, 31, 32, 37, 38, 46, 48, 53, 75, 77, 83, 87, 99, 157, 170, 176, 177, 179, 180, 183

231

地方選挙　71, 73, 148-150, 156, 161, 182
中間層　28, 43, 46, 61, 62, 115, 116, 120, 122, 136, 197
忠清地域　59, 91, 92, 165
低所得世帯　8, 42, 123
手柄争い　81, 196
トークン　112, 203
共働き世帯　1, 29, 30, 42, 48, 52, 83, 86, 154
トリクルダウン効果　132, 138

な 行

二極化　61, 129, 130
乳幼児期の教育とケア（ECEC）　9, 15
ヌリ課程　39, 51, 52, 151-154, 179-186
年金制度　64, 167, 206
能動的福祉　25, 137-140
ノサモ　94, 95
盧武鉉　24, 39-42, 48, 49, 70, 75, 87, 88, 91-107, 114-119, 122-126, 130, 131, 133, 135, 138, 141, 143, 146, 148, 160, 173, 174

は 行

朴槿恵　23, 25, 130, 131, 153, 157, 159-176, 178, 179, 182-187, 191, 192, 197, 200, 201
朴正熙　25, 55, 56, 71, 112, 159, 161, 164, 165
派遣労働制　60
母親　29, 30, 40, 52, 100, 140, 141, 154, 155, 158, 171, 188-190, 199
ハンナラ党　52, 73, 74, 76, 78-81, 84, 87, 92, 104, 105, 116, 117, 119, 125, 129-131, 143, 144, 149-153, 155-161
ビジネス・フレンドリー　135, 147
非正規雇用　2, 3, 44, 96
ひとり親世帯　1, 23
非難回避　123, 199, 200
評価認証　39, 187

標準保育費用　42, 120, 157
比例区　73, 74, 108, 110
比例代表制　71, 72, 82
貧困層　28, 29, 31, 37, 61, 83-86, 115, 119, 122, 137, 164, 166, 197
フェミニスト・トライアングル　202
福祉国家　9, 13, 22, 25, 64, 66, 83, 85, 97, 165, 166, 195, 204-206
福祉政策　97, 98, 150, 165, 166
普遍的　21, 24, 37, 42, 99, 115, 120, 122, 148-151, 166, 167, 175, 189, 197
分割政府　62, 63, 79, 88, 116, 118, 148, 155, 185, 199
保育関係予算　15, 24, 41, 44, 83, 86, 100, 102, 114, 122, 198, 199
保育サービス　9, 13, 33, 35-37, 39, 41, 42, 44, 45, 48, 87, 100, 120, 141, 147
保育士　20, 32, 38, 47, 120, 186, 187, 189, 190
保育施設等利用率　16, 40, 41, 52
保育政策　15, 22-25, 27, 31, 33, 36-43, 45, 47-49, 67, 68, 70, 81, 83-88, 99-103, 105, 107, 111, 113-116, 122, 124-126, 140, 141, 145-148, 151, 152, 154, 156-170, 175, 176, 184, 187, 189, 190, 195
　——の拡充　23, 24, 48, 68, 81, 86, 99, 102, 114, 126, 146, 156, 157, 195-198, 200, 201, 203-205
　——の合理化　24, 81, 87, 88, 115, 122, 158, 198, 204
保育の公共性　37, 45, 46, 87, 123
保育の全面無償化　5, 175, 184, 192, 205
保育バウチャー　48, 147, 148, 154, 158, 190, 197
保育業務　44, 48, 80, 81, 102-107, 114, 116, 123, 124, 126, 144, 145, 155, 196, 197, 200-202
保育問題　68, 103, 105, 151
保育料支援　21, 25, 37, 43, 46, 48, 84-86, 115-

117, 119, 123, 125, 140, 147, 148, 153, 154, 157, 158, 189, 197, 199, 205
保育料自由化　24, 87, 88, 115, 122-126, 199
補欠選挙　119, 120, 159, 199
保健福祉委員会　81, 83, 87, 104, 113, 114, 146, 152, 154, 175, 176, 178, 189, 190, 199
保健福祉家族部　48, 49, 138, 139, 145, 155, 202
保健福祉部　18, 31, 33, 35, 37, 38, 40, 44, 48, 51, 52, 66, 77, 80, 81, 83-88, 99, 102-104, 106, 113, 114, 116, 126, 142, 144, 145, 153, 154, 169, 175, 176, 178, 188-190, 196, 197, 200-202, 206
保守主義　9
保守政権　24, 133, 137, 140, 158, 171, 196, 204, 205
保守派大統領　196
保守離れ　25, 146, 151, 170, 196-198
湖南地域　57-59, 117, 133, 164
ポピュリズム　149, 150

ま　行

民間保育施設　18, 19, 31-33, 36, 37, 39, 42-44, 46, 49, 87, 120-123, 205
民主自由党（民自党）　31, 71, 72
民主党　55-57, 71, 72, 74, 75, 79, 87, 91, 92, 94, 102-104, 117, 118, 144, 147, 149-151, 156, 157, 166, 171, 173, 174, 177, 178, 185, 190, 200

無償給食　148-151, 156, 158, 162, 182, 183, 197, 200
無償保育　21, 24, 34, 47, 50, 51, 84, 86, 148-154, 156, 158, 170, 177, 178, 182, 183, 188, 189, 197

や・ら・わ　行

野党議員　55, 82, 125, 126, 144, 152, 154, 158, 178, 189, 190, 198-200
養育手当　25, 49, 52, 140, 146, 153-158, 169, 175, 189, 198, 199, 201, 205
幼児教育振興法　28, 29, 31, 67
幼児教育法　50, 154, 176
幼稚園　7, 28, 29, 31, 42, 44, 47, 49, 51, 53, 84, 104, 121, 123, 151, 176, 180
予算案　151, 152, 156, 157, 179, 201
与党議員　24, 82, 125, 126, 144, 154, 155, 158, 176, 178, 182, 190, 192, 198-201
予備選挙　55, 87, 92, 94, 103, 131, 161, 162, 165, 197
嶺南地域　25, 57-59, 91, 131, 159, 160, 165
リーダーシップ　23, 25, 82, 87, 88, 125, 126, 131, 148, 158, 161, 165, 171, 176, 177, 186, 191, 193, 195, 196, 198-200
労働市場　1-3, 5, 44, 49, 60, 64, 66, 68, 76, 100, 122, 135, 139
労働力率　1, 3, 30, 32, 40, 49
ワーキングプア　96, 139, 166
ワークフェア　66, 67

《著者紹介》

崔　佳榮（チェ・カエイ）

1981年　生まれ。
2017年　京都大学大学院法学研究科博士後期課程修了（法学博士）。
現　在　京都大学大学院法学研究科特定助教。

シリーズ・現代の福祉国家⑮
韓国の大統領制と保育政策
――家族主義福祉レジームの変容――

2019年3月30日　初版第1刷発行　　　〈検印省略〉

定価はカバーに
表示しています

著　者	崔　　佳　榮
発行者	杉　田　啓　三
印刷者	坂　本　喜　杏

発行所　株式会社　ミネルヴァ書房
607-8494　京都市山科区日ノ岡堤谷町1
電話代表　(075)581-5191
振替口座　01020-0-8076

ⒸⅠ崔　佳榮, 2019　　冨山房インターナショナル・新生製本

ISBN 978-4-623-08554-5
Printed in Japan

―――― シリーズ・現代の福祉国家 ――――

新川敏光 著
日本型福祉レジームの発展と変容
　　　　　　　　　　　　A5判・450頁・本体4,000円

新川敏光 編著
福祉レジームの収斂と分岐
　――脱商品化と脱家族化の多様性
　　　　　　　　　　　　A5判・338頁・本体5,000円

近藤正基 著
現代ドイツ福祉国家の政治経済学
　　　　　　　　　　　　A5判・320頁・本体6,500円

金　成垣 編著
現代の比較福祉国家論
　――東アジア発の新しい理論構築に向けて
　　　　　　　　　　　　A5判・560頁・本体8,000円

小玉　徹 著
福祉レジームの変容と都市再生
　――雇用と住宅の再構築を目指して
　　　　　　　　　　　　A5判・288頁・本体3,800円

辻　由希 著
家族主義福祉レジームの再編とジェンダー政治
　　　　　　　　　　　　A5判・282頁・本体7,000円

安　周永 著
日韓企業主義的雇用政策の分岐
　――権力資源動員論からみた労働組合の戦略
　　　　　　　　　　　　A5判・264頁・本体5,500円

千田　航 著
フランスにおける雇用と子育ての「自由選択」
　――家族政策の福祉政治
　　　　　　　　　　　　A5判・292頁・本体6,000円

―――― ミネルヴァ書房 ――――
http://www.minervashobo.co.jp/